MANIA DE CLIENTE!

MANIA DE CLIENTE!

PRONTOS PARA SERVIR

Nunca é tarde para a sua empresa ser focada no cliente

Ken Blanchard

Coautor de *O Gerente-Minuto*

Jim Ballard e Fred Finch

EDITORA HÁBITO
Avenida Recife, 841 — Jardim Santo Afonso — Guarulhos, SP
CEP 07215-030 — Tel.: 0 xx 11 2618 7000
atendimento@editorahabito.com.br — www.editorahabito.com.br

■ **MANIA DE CLIENTE!**
©2004, Blanchard Family Partnership, Fred Finch & Jim Ballard
Originalmente publicado em inglês sob o título: *Customer Mania!*
It's Never Too Late to Build a Customer-Focused Company
Publicado com autorização contratual com Free Press, uma divisão da Simon
& Schuster, Inc. (1230 Avenue of the Americas, New York, NY 10020, EUA)

Todos os direitos em língua portuguesa reservados à Editora Hábito.

PROIBIDA A REPRODUÇÃO POR QUAISQUER MEIOS, SALVO EM BREVES
CITAÇÕES, COM INDICAÇÃO DA FONTE.

■ Todas as citações foram adaptadas segundo o Acordo Ortográfico da
Língua Portuguesa, assinado em 1990, em vigor desde janeiro de 2009.

■ Todos os grifos são do autor.

Editor responsável: Gisele Romão da Cruz
Editor-assistente: Amanda Santos
Tradução: Ana Paula Silveira
Revisão de tradução: Andrea Filatro
Revisão de provas: Elaine Freddi
Projeto gráfico e diagramação: Claudia Fatel Lino
■ *Capa:* Arte Hábito

1. edição: out. 2021

Dados Internacionais de Catalogação na Publicação (CIP)
(Câmara Brasileira do Livro, SP, Brasil)

Blanchard, Ken
 Mania de cliente! : prontos para servir / Ken Blanchard.
-- São Paulo : Editora Hábito, 2021.

 Título original: *Customer Mania!*
 ISBN: 978-65-994789-6-3
 e-ISBN: 978-65-994789-7-0

 1. Atendimento ao cliente 2. Clientes - Atendimento
3. Clientes - Satisfação 4. Economia 5. Liderança I. Título.

21-83701   CDD-658.812

Índices para catálogo sistemático:
1. Clientes : Satisfação : Administração de empresas 658.812
Maria Alice Ferreira - Bibliotecária - CRB-8/7964

*Este livro é dedicado a todos
os líderes do mundo comprometidos em
fazer a diferença na vida de seus
colaboradores e clientes.*

Sumário

PARTE I

A SEGUNDA CHANCE

Capítulo 1

A Yum! encontra o Gerente-Minuto..11

Capítulo 2

Uma breve história das marcas Yum! 21

PARTE II

COMO CRIAR UMA EMPRESA FOCADA
NO CLIENTE DA MANEIRA CORRETA
Os quatro passos

Capítulo 3

Primeiro passo: Mire no objetivo certo 37

Capítulo 4

Segundo passo: Trate seus clientes corretamente..........63

Capítulo 5

Terceiro passo: Trate seus funcionários corretamente.....87

Tenha as pessoas certas na equipe
Recrutamento e seleção..89

MANIA DE CLIENTE!

Dê às pessoas o começo adequado
Treinamento e desenvolvimento 97

Dê às pessoas a ajuda adequada
Gestão de desempenho 106

Conecte as pessoas
Desenvolvendo processos e sistemas adequados 122

Inspire as pessoas
Criando uma cultura de reconhecimento 141

Dê às pessoas oportunidade de crescimento
Planejamento de carreira da maneira certa 160

Capítulo 6
Quarto passo: Desenvolva o tipo certo de liderança.....171

PARTE III
PRÓXIMOS PASSOS

Capítulo 7
O maior obstáculo: Desvendando a Mania de Cliente.....203

Capítulo 8
A escolha é sua: Seguir ou não o exemplo da Yum! 213

Agradecimentos 219

Sobre os autores 221

PARTE I

A SEGUNDA CHANCE

CAPÍTULO 1

A Yum! encontra o Gerente-Minuto

Eu tenho o melhor emprego do mundo. Viajo por aí observando como as empresas se comportam. Estou sempre à procura de empresas que estão tentando se estruturar da maneira correta – focando em seus clientes e criando uma cultura baseada nas pessoas e no desempenho.

Por que foco no cliente é tão importante? Porque, se você vende *pizzas* ou serviços profissionais, seu negócio não diz respeito a você. Digo que estou sempre em busca de empresas que estão tentando fazer o que é certo, porque construir uma empresa da maneira correta é uma jornada contínua. Não tem uma linha de chegada. Quando encontro uma empresa nesse caminho, fico empolgado.

O COMEÇO

Há quatro anos, fui convidado a falar sobre atendimento ao cliente numa convenção anual da KFC (originalmente *Kentucky Fried Chicken*). Nessa convenção, conheci David Novak, que na época era presidente da Tricon – empresa controladora da KFC, da Taco Bell e da Pizza Hut. Durante essa convenção,

MANIA DE CLIENTE!

David me contou sobre o processo que ele e seus companheiros estavam enfrentando para reverter um resultado operacional fraco por meio de uma estratégia centrada no cliente. David sabia que sua empresa, como a maioria, já tinha adotado a filosofia de foco no cliente sem realmente entregar o que prometia. Ele acreditava que estruturar uma empresa da maneira correta significava ir além de apenas escutar e responder aos clientes; significava formar uma equipe obcecada e comprometida em ir além pelo cliente. David pretendia criar nada menos do que uma cultura de *Mania de Cliente* em todos os seus restaurantes no mundo.

Pense num sonho ambicioso. Em 1997, a KFC, a Taco Bell e a Pizza Hut se separaram da PepsiCo para formar a Tricon. Naquela época, o resultado operacional da Tricon estava ruim. A nova empresa tinha herdado um prejuízo de US$ 4,7 bilhões, e seu tímido retorno sobre o capital investido não chegava a 9%. Como se não bastasse, em 2002 a Tricon comprou dois outros restaurantes de serviço rápido – Long John Silver's e A&W All American Food Restaurants – e, no processo, tornou-se de longe a maior empresa de restaurantes no mundo, empregando cerca de 840 mil pessoas em aproximadamente 33 mil restaurantes espalhados por mais de cem países e territórios. Foi nessa época que a empresa mudou seu nome para Yum! Brands. Devido àquela situação financeira e ao tamanho da empresa, a tarefa de uma mudança cultural massiva era assustadora, mas isso não parecia perturbar o David. Eu adorava essa atitude nele. Ficou claro que ele não estava apenas interessado em criar uma cultura global de Mania de Cliente; ele faria isso. E passei a admirar seu comprometimento e determinação.

Comecei a passar mais tempo com o David seis meses depois, quando ele me pediu para falar na convenção anual dos principais executivos da companhia. Dessa vez tivemos realmente a chance de trocar informações e não demorou para percebermos que éramos almas gêmeas. Em seu desejo de estruturar uma empresa focada no cliente da maneira correta, David estava tentando implementar tudo o que eu tinha ensinado e escrito a esse respeito durante anos, e estava fazendo no ambiente mais difícil possível.

UMA TREMENDA SEGUNDA CHANCE

No golfe, se você dá uma tacada ruim e pede uma segunda chance (um *mulligan*), pode bater novamente. David Novak retrata o que está prestes a acontecer na sua empresa de maneira parecida. Ele conta: "Quando minha filha, Ashley, era mais nova, se ela e seus amigos faziam algo errado em um jogo, eles diziam '*Mulligan!*'. Isso é o que está acontecendo na Yum!, uma tremenda segunda chance".

Uma segunda chance significa um recomeço, o que torna mais difícil a tarefa de criar uma cultura baseada em pessoas, dirigida a resultados e com foco no cliente. É muito mais fácil implementar os conceitos que tenho ensinado ao longo dos anos quando você inicia uma empresa do zero do que numa organização que construiu uma cultura e depois mudou de direção. Recomeçar significa ter de conquistar céticos e obter apoio para um caminho operacional totalmente novo.

A Yum! está se esforçando para criar uma cultura nova em um grupo de empresas descentralizadas, as quais viam umas às outras como concorrentes. Decepcionada com a falta de sinergia e com o desempenho global, a PepsiCo decidiu que era o momento de abrir mão de grandes marcas.

Embora Novak estivesse empolgado com o desafio, a separação da PepsiCo deixou os colaboradores apreensivos. Ainda que todos soubessem que os resultados combinados estavam abaixo do esperado, o pessoal da KFC, da Taco Bell e da Pizza Hut ainda tinha orgulho de fazer parte da PepsiCo, que claramente tinha prestígio e credibilidade como uma das melhores empresas do mundo. O pessoal das novas aquisições, Long John Silver's e A&W All American Restaurants, também tinha suas dúvidas.

Todos pensavam: "Eles realmente vão conseguir reorganizar uma empresa enorme, composta por marcas tão solidamente consolidadas? Como seria a nova empresa? Os benefícios deixariam de existir? Ela estaria ou não entre as melhores?".

"Temos uma oportunidade real aqui", disse David. "Quantos líderes e equipes têm a chance de trabalhar com marcas tão renomadas, algumas celebrando seu 50º aniversário, e começar uma nova empresa? Se fizermos isso da maneira correta, poderemos criar a empresa do século."

UMA ESTRATÉGIA DE SENSO COMUM

À medida que reestruturavam a empresa com foco no cliente, David Novak e seu pessoal tentavam fazer com que o senso comum se tornasse uma prática comum. O senso comum diz que, se você sempre tratar aqueles que atendem os clientes como se eles fossem as pessoas mais importantes da empresa, eles também tratarão os clientes como se fossem as pessoas mais importantes do mundo. Se as pessoas de uma empresa são tratadas e veem a si mesmas como vitoriosas, a satisfação do cliente e a lucratividade virão naturalmente.

Transformar o senso comum em uma prática envolve entender as pessoas. No caso da Yum! isso significa entender os clientes, fornecedores, franqueados, membros da equipe, líderes e, sim, os investidores – todos que estejam envolvidos ou sejam impactados pela organização ao redor do mundo. Dentro desse conceito de entender as pessoas, um dos lemas da Yum! é:

YOU UNDERSTAND ME (VOCÊ ME ENTENDE)

RECONHECIMENTO:
UMA NECESSIDADE UNIVERSAL

A frase "Você Me Entende" significa que você não apenas entende minhas necessidades únicas, mas também as necessidades universais, por exemplo, reconhecimento, que se aplicam a todas as culturas em todo o mundo. David resume dizendo:

> Estamos falando aqui de uma verdade universal. Quando você coloca as pessoas em primeiro lugar e estabelece processos e disciplinas que reconhecem seus esforços, o desempenho melhora. O mundo está se tornando global. Colocar as pessoas em primeiro lugar não funciona apenas nos Estados Unidos. É uma verdade humana básica, independentemente da religião que você siga ou do lugar onde more. Seja no Reino Unido, na China, na Malásia, nas Filipinas ou no Oriente Médio, é fato que o reconhecimento impele o bom desempenho não importa onde for.

Em *O gerente-minuto*, Spencer Johnson e eu dissemos que a chave para o desenvolvimento de grandes organizações é surpreender as pessoas fazendo bem seu trabalho e reforçando o que é positivo. O comprometimento de David com esse princípio é bem claro. Ele fica empolgado quando explica que quer elevar o reconhecimento e o mérito a novos patamares, criando e assegurando um desempenho excepcional no mundo todo.

As coisas que mais me impressionaram foram a energia e a paixão de David pela empresa e pelo negócio. Entrar na sala de David já é uma experiência. A maioria dos executivos tem seu lema pregado na parede e, neste caso, o lema seria "Nós reconhecemos as pessoas". Mas todas as paredes da sua sala demonstram o valor desse reconhecimento. Elas estão completamente cobertas de fotos de pessoas que ele premiou ao redor do mundo. David apontou para as fotos que ele pregou no teto quando o espaço das paredes acabou e disse com um sorriso: "O pessoal de Segurança do Trabalho me deixou pregar essas fotos lá em cima desde que não caiam na cabeça de ninguém".

Toda essa demonstração e esse reconhecimento não estão lá só como exibição; são para ele mesmo, que diz: "Eu tenho a melhor sala de CEO no mundo". Ele é como uma criança numa loja de doces – muito feliz em estar ali.

OBTENDO AJUDA

Quanto mais eu descobria sobre a Yum!, mais excitado ficava com a possibilidade de documentar sua jornada. Como disse anteriormente, estou sempre procurando bons exemplos de pessoas tentando praticar o que eu prego, mas nunca tinha visto um grupo de altos executivos que estivessem dispostos a "fazer todo o processo", implementando uma reestruturação corporativa completa.

Quando dividi com eles minha empolgação, dizendo que sua história poderia ser usada como um estudo de caso para ajudar outras pessoas e organizações, David e seu pessoal vibraram.

A Yum! encontra o Gerente-Minuto

Devido ao tamanho e à complexidade do trabalho, eu sabia que precisaria de ajuda. Pedi a dois dos meus colegas, Fred Finch e Jim Ballard, que se juntassem a mim neste projeto. Eu os conheço há mais de trinta anos. Fred é sócio fundador da The Blanchard Companies e um excelente consultor. Jim é um ótimo escritor e *coach* que trabalhou comigo em vários livros, incluindo a coautoria do *Whale Done!: The Power of Positive Relationships*.

Depois que Fred, Jim e eu nos reunimos com David em seu escritório em Louisville, todos concordamos que ele e sua equipe haviam conseguido reconstruir a empresa da maneira correta e criado uma cultura de Mania de Cliente mundial. Mas nosso entusiasmo sobre o projeto cresceu tremendamente quando nos disseram: "Ok, fiquem à vontade, desde que vocês não escrevam um livro chapa-branca". Eles disseram que poderíamos ir a qualquer lugar da empresa e falar com qualquer pessoa. "Mas certifiquem-se de que tudo o que escreverem reflita exatamente o que acharam, o bom, o mau e o feio." Inclusive nos deram permissão para fazer qualquer tipo de pergunta. Isso nos motivou ainda mais, uma vez que não queríamos escrever um livro que causasse algum tipo de ruído. Esse ponto foi reforçado quando David fez questão de que o livro não fosse sobre ele. Considerando o ego dos CEOs com quem lidamos, isso foi realmente impressionante.

Sabendo que o comportamento do alto escalão é sempre espelhado na organização, começamos a entrevistar os altos executivos da Yum! Corporate, como também de cada uma das marcas. Focando em visão, valores e liderança, conseguimos perceber em que a companhia acreditava, suas aspirações e seu direcionamento. Depois falamos com os donos das franquias, líderes de todos os níveis, gerentes de restaurantes e membros

17

MANIA DE CLIENTE!

da equipe, tanto nos Estados Unidos como fora. À medida que o projeto crescia, também crescia a nossa crença no comprometimento da empresa em relação a seus funcionários.

A ORGANIZAÇÃO DESTE LIVRO

Ao longo dos anos, descobri que os líderes de boas organizações, sejam elas grandes ou pequenas, sabem como construir uma empresa focada no cliente da maneira correta. Eles dirigem a empresa em um nível mais avançado, focando a atenção das pessoas em outras coisas além de ganhar dinheiro. Eles entendem o poder da cultura baseada em desempenho e centrada nas pessoas, e intuitivamente praticam os quatro passos para construir uma empresa da maneira correta:

Primeiro passo: Mire no objetivo certo
Segundo passo: Trate seus clientes corretamente
Terceiro passo: Trate seus funcionários corretamente
Quarto passo: Desenvolva o tipo certo de liderança

Deixe-me esclarecer que, quando falo em líderes, em muitos casos, não estou simplesmente me referindo aos diretores e gerentes principais. Liderança é um processo de influência, e um líder pode ser qualquer um que tenha a possibilidade de afetar outras pessoas, seja para o bem ou para o mal. Uma grande organização tem líderes em todos os níveis.

Este livro está organizado em três partes. A primeira contém este capítulo introdutório e traz um breve histórico das marcas Yum! A Parte II, o corpo principal deste livro, é dedicada aos quatro passos para construir uma empresa focada no cliente da maneira correta. Consiste em quatro capítulos, cada um apresentando um dos passos. A primeira parte de cada capítulo é chamada de *O Ideal de Blanchard* e contém o que considero ser necessário para desenvolver aquele passo da maneira ideal. A segunda parte é chamada de *A Realidade da Yum!* Essa sessão apresenta o depoimento das pessoas de toda a organização Yum!, seus líderes, consultores e colaboradores, e a história de cada um deles. Descreve como eles estão utilizando aquele passo para desenvolver seu trabalho da maneira correta e atingir o sonho de implementar a Mania de Cliente no mundo. Ao final de cada capítulo temos um *Quadro de Resultados*. Essa é minha forma de avaliar o desempenho de cada área-chave comparado ao que eu descrevo nas sessões de *O Ideal de Blanchard*. A Parte III, Próximos Passos, explora os desafios que essas pessoas encaram para manter a motivação e o que estão fazendo para vencer esses desafios. O capítulo final, "A escolha é sua", ajudará você a tomar sua própria decisão: o caminho da Yum! ou o lugar-comum?

UM ROTEIRO PARA A MUDANÇA DESEJADA

A Yum! Brands não é a única companhia que poderíamos ter escolhido para exemplificar como construir uma empresa com foco no cliente, mas certamente é a mais empolgante. A Yum! tem a cultura mais dinâmica e positiva que já vimos. É a maior empresa de restaurantes do mundo, mas ainda assim se dedica a trabalhar nos detalhes. Sua jornada fornece um roteiro para a mudança desejada e pode ser usada por todos os tipos e tamanhos de organizações que queiram ser mais lucrativas e divertidas no esforço de atingir seus objetivos nos negócios.

A moral da história é que nunca é tarde demais para construir uma empresa focada no cliente da maneira correta.

MANIA DE CLIENTE!

Mesmo sendo a primeira a admitir que ainda tem muito a fazer e que apenas começou sua jornada, a Yum! está fazendo um bom trabalho com marcas solidamente consolidadas e com o passado cheio de problemas, criando uma cultura única e excitante que já está produzindo resultados mensuráveis. Como Dave Deno, CFO da empresa, gosta de dizer: "Todos os números que deveriam estar subindo estão subindo, e todos os números que deveriam estar caindo estão caindo". Desde a separação da PepsiCo, em 1997, a Yum! mais do que triplicou o valor de suas ações, dobrou o retorno sobre capital de investimento e elevou sua capitalização de mercado de US$ 3,7 para US$ 10 bilhões. A pesada dívida de US$ 4,7 bilhões da Yum! agora é de apenas US$ 2,1 bilhões, e hoje a companhia tem um resultado operacional com bom grau de investimento.

Esperamos que você goste de participar conosco desta jornada. Temos certeza de que, independentemente do tamanho de sua empresa, seja ela conservadora ou moderna, velha ou nova, com grandes executivos ou atendentes de balcão, você também poderá torná-la uma empresa com foco no cliente.

KEN BLANCHARD
Primavera de 2004

CAPÍTULO 2

Uma breve história das marcas Yum!

Para termos uma dimensão do processo que chamamos de segunda chance, será útil entender a história da companhia e como ela começou. Atualmente, a Yum! Brands é a empresa controladora de KFC, Taco Bell, Pizza Hut, Long John Silver's e A&W All American Food Restaurants.

CINCO MARCAS DISTINTAS

Antes de entendermos como a empresa se formou, vamos ver um breve resumo de cada uma das marcas individualmente.

KFC: Um Ícone Americano. Com sede em Louisville, Kentucky, KFC é a cadeia de restaurantes de frango mais popular do mundo, especializada numa receita original de frango, que tem o mesmo sabor maravilhoso que o Coronel Harland Sanders criou há mais de meio século, além do extracrocante, do *wrap*, das tirinhas crocantes e dos acompanhamentos caseiros.

Todos os dias, são servidos aproximadamente 8 milhões de clientes no mundo. O cardápio da KFC inclui mais de 300 outros produtos, da tortinha de frango nos Estados Unidos ao sanduíche de salmão no Japão.

MANIA DE CLIENTE!

A KFC tem mais de 12 mil restaurantes em mais de 80 países e territórios no mundo. E, em várias cidades dos Estados Unidos, a KFC juntou-se às empresas irmãs A&W All American Food, Long John Silver's e Taco Bell para vender os produtos das redes populares em pontos específicos.

Pizza Hut: espírito empreendedor. O legado da Pizza Hut começou em 1958, quando Frank e Dan Carney, dois estudantes universitários da Universidade Wichita, Kansas, abriram uma pequena pizzaria, instigados por um amigo da família. Embora o conceito fosse relativamente novo para muitos americanos da época, os irmãos Frank e Dan logo viram o potencial do novo empreendimento.

Depois de pegarem emprestados 600 dólares da mãe, eles compraram um equipamento de segunda mão e alugaram um pequeno ponto num cruzamento movimentado em sua cidade natal. O resultado desse esforço empreendedor foi o primeiro restaurante Pizza Hut®, e o início do que se tornaria a rede de pizzarias de maior sucesso no mundo.

Hoje, a Pizza Hut é a maior empresa de pizzarias do mundo, com aproximadamente 8 mil filiais nos Estados Unidos e mais de 4.500 filiais em 141 países. É reconhecidamente líder em um segmento que movimenta US$ 37 bilhões.

Taco Bell: a comida mexicana se populariza. Fundado por Glen Bell em 1962, o primeiro restaurante da Taco Bell foi construído em Downey, Califórnia. Como poucas pessoas fora da comunidade hispânica sabiam o que era um taco naquela época, Taco Bell era claramente um conceito à frente de seu tempo. Mas Glen recusou-se a abandonar seu sonho e transformou seu pequeno restaurante de balcão numa das marcas mais populares dos Estados Unidos.

Hoje, a Taco Bell é a rede de restaurantes de *fast-food* mexicana líder nos Estados Unidos, servindo tacos, burritos, *quesadillas*, Border Bowls®, nachos e outras especialidades. Mais de 4,5 milhões de tacos de todas as variedades são vendidos diariamente nos restaurantes Taco Bell, que servem mais de 35 milhões de clientes a cada semana em 6 mil restaurantes pelos Estados Unidos, e em 8 países e 2 territórios no mundo.

A&W: cerveja de raiz número um do mundo. A&W Restaurantes, Inc., sediada em Louisville, Kentucky, é a mais antiga rede de franquias de serviço rápido nos Estados Unidos. Desde 1919, a A&W All American Food vem servindo a típica cerveja de raiz (*root beer*) em uma caneca supergelada, além dos cachorros-quentes e hambúrgueres de pura carne bovina. Existem aproximadamente 800 pontos de venda da A&W All American Food em 15 países e territórios no mundo.

Long John Silver's: frutos do mar de atendimento rápido. Long John Silver's, sediado em Louisville, Kentucky, é a rede de frutos do mar de atendimento rápido mais popular do mundo, especializada numa variedade de pratos, incluindo peixe empanado, frango, camarão e bolinho de milho frito. Inspirado no romance de Robert Louis Stevenson, *A Ilha do Tesouro*, Long John Silver's foi fundado em 1969 para atender à demanda crescente por restaurantes *fast-food* de frutos do mar. Hoje, mais de 1.250 restaurantes Long John Silver's servem aproximadamente 4 milhões de clientes no mundo a cada semana.

O NASCIMENTO DA FILOSOFIA *MANIA DE CLIENTE*

Antes da formação da Yum!, as marcas foram conduzidas por alguns executivos, com resultados variados. A KFC, em específico, teve problemas no início dos anos 1990.

Começou com a KFC. Até 1990, os franqueados da KFC tinham direitos exclusivos em seus territórios. Quando a PepsiCo decidiu retirar esses direitos, os franqueados se organizaram e moveram um processo na justiça que se arrastou por sete anos. O relacionamento franqueador-franqueado era caracterizado por desentendimentos.

Esta foi a situação que David Novak encontrou no outono de 1994, quando a PepsiCo deu a ele a oportunidade de assumir a KFC. David não era nem de longe um típico executivo da PepsiCo. Ele não usava paletó, e suas gravatas estavam sempre tortas. Era casual, engraçado e focado em resultados, e as pessoas notaram a diferença. Mais do que isso, ele ouvia as pessoas e encarava os fatos:

- Os franqueados controlavam 80% dos restaurantes.
- Se os franqueados não cresciam, a KFC não crescia.
- Se os franqueados faliam, a KFC falia.
- Se os franqueados ganhavam, a KFC ganhava.

David confrontou seu novo time com essa realidade em sua primeira reunião. Ele disse: "Os franqueados são uma parte importante do nosso sucesso. Estamos brigando com eles há anos e não tem adiantado, mas isso acabou. Vamos trabalhar juntos, e de agora em diante nós amamos nossos franqueados.

Vocês podem não gostar deles; ok, isso é problema de vocês. Mas, a partir deste momento, não quero mais ouvir reclamações sobre os franqueados ou razões para não lucrarmos com eles. Chega de vitimismo. Vamos resolver este problema juntos".

Sua tarefa seguinte foi mostrar aos franqueados quem estava no controle. Ele foi a nove reuniões de associações regionais de franqueados e falou com os proprietários da mesma forma direta. Disse a eles: "Não vamos falar sobre o processo que está na justiça até conseguirmos trabalhar juntos, arrumar este negócio e atender as necessidades dos nossos clientes". Eles gostaram quando ele disse: "Eu adoro a Kentucky Fried Chicken. Não conheço o negócio, mas vocês conhecem. Gostaria de saber o que vocês fariam se estivessem no meu lugar".

David conta: "Eu não me tranquei no meu escritório e saí com a resposta mágica. Pedi a eles que se juntassem em grupos de 8 pessoas, pensassem numa lista de sugestões, voltassem e me contassem o que fariam. Alguns estavam muito nervosos e tive de ser humilde ao ouvi-los. Eles disseram: 'Como podemos saber se você não é apenas mais um dos caras da Pepsi que não entendem nada do nosso negócio?' Um deles comentou: 'Meu camarada, é melhor que você seja bom'. E eu respondi: 'Eu também espero!' ".

"Alguém disse que a melhor maneira de motivar as pessoas é ouvi-las. E é verdade. Eu fiz isso e, em seguida, dividi com meu time tudo o que ouvi. Recebi comentários e, passo a passo, fomos trabalhando juntos e desenvolvendo uma estratégia em equipe.".

Simples, não? Se você tem um problema, pergunte a quem conhece do assunto. Envolva as pessoas e peça a elas que ajudem você a resolver o problema. Assim que começaram a trabalhar em parceria com os franqueados e os negócios começaram a melhorar, ou seja, os resultados começaram a aparecer, David e seus companheiros conversaram com os franqueados e resolveram o processo na justiça.

Operação de guerra na Pizza Hut. Em meados de 1996, David Novak foi convidado pela PepsiCo a sair da KFC e assumir a presidência da Pizza Hut. A princípio, ele recusou a oferta. Quando assumiu a KFC, David disse aos funcionários e franqueados que ficaria por muito tempo. Grande parte da confiança que ele havia construído se baseava em seu comprometimento de não mudar de empresa. A solução encontrada pela PepsiCo foi que ele acumulasse as duas funções.

Quando David assumiu a Pizza Hut, a companhia estava na mesma situação de muitas organizações. Você pode chamar isso de negação ou simplesmente de falta de capacidade de olhar o problema de fora. David adora confrontar as pessoas com o que ele chama de "dura realidade", demonstrando aquilo que é obvio a todos, mas que todos fazem questão de ignorar. Frequentemente percebo que, quando a verdade de uma empresa é colocada na mesa, os altos executivos dizem: "Nossa, é isso mesmo, você é brilhante!". Enquanto isso, o pessoal de baixo diz: "Isso é óbvio!".

Em outubro de 1996, em Dallas, David fez uma reunião que foi um divisor de águas. Todos os diretores e os executivos do alto escalão foram convidados, incluindo o pessoal de campo. Jerry Buss, chefe de operações da Pizza Hut, lembra claramente do evento em Dallas. "Eu lembro de estar na plateia", disse Buss, "e muitos de nós estávamos chocados com o que o David tinha apresentado. Já sabíamos, mas simplesmente negávamos a realidade. Basicamente, o que o David disse na apresentação foi: 'É isso o que está acontecendo com a gente'.

Uma breve história das marcas Yum!

Quase imperceptivelmente, nos últimos cinco anos, vínhamos minando as principais bases do nosso negócio."

"O grande susto foi ver que estávamos encolhendo e perdendo competitividade. Tínhamos parado de investir na estrutura dos nossos restaurantes. David disse: 'Costumávamos ter *este* resultado de vendas, e ele vem diminuindo a cada ano'. Lembro de olhar em volta e ver que todos estavam brancos, exatamente como eu deveria estar!"

A estratégia de David foi derrubar a plateia e depois reerguê-la. Ele desafiou o grupo dizendo que eles eram os líderes, e que precisava deles para dizer o que estava acontecendo e o que deveria ser feito. Seu time dividiu a plateia em grupos, e eles participaram de uma imersão total por um dia inteiro. "A energia naquela sala foi incrível", diz Buss. "Falamos por horas e anotamos tudo no *flip-chart*. Na sequência, cada grupo apresentou suas considerações."

"As pessoas começaram a declarar o óbvio. Um cara de marketing na minha mesa disse animado que seu grupo tinha descoberto que 70% do negócio naquela época vinha de pedidos por telefone, e, mesmo assim, não estávamos fazendo nada para melhorar a capacidade de atendimento. De repente, todos estavam de pé gritando: 'É isso mesmo!'. Depois, outros grupos se apresentaram e de novo todos gritaram: 'É isso mesmo!'. Dava para sentir a energia à medida que começávamos a nos dar conta de que, talvez, a resposta estivesse dentro de nós!"

A função daquela reunião foi apagar tudo o que havia sido feito até ali e, de forma simbólica, recomeçar a empresa do zero. Foi um momento especial, uma daquelas ocasiões em que um general habilidoso tira proveito para motivar seus soldados para a guerra. A mensagem do David foi: "Estamos numa batalha,

27

vamos lutar. Temos de reverter esta situação e vamos conseguir". A Pizza Hut começou a melhorar em qualidade e competitividade. O negócio reverteu em um ano.

O *SPIN-OFF*

Em 1997, o presidente da PepsiCo, Roger Enrico, e seu time decidiram por razões estratégicas que fariam um *spin-off*, separando o grupo de restaurantes – KFC, Pizza Hut e Taco Bell. O grupo não estava dando os resultados esperados pela PepsiCo, e Roger sentia que David e seu time poderiam fazer um trabalho melhor dirigindo os restaurantes como uma companhia separada, focada em serviços. Ele teve a sabedoria de juntar Novak com o altamente reconhecido Andy Pearson, ex-presidente da PepsiCo e professor de Harvard. Andy, que tinha 72 anos na época, foi nomeado *chairman* e CEO, e David, vice-*chairman* e presidente.

Roger sabia que a experiência e os contatos do Andy trariam credibilidade em Wall Street, e que ele seria um grande mentor para David. Na verdade, o próprio David havia recomendado Andy a Roger como CEO, porque acreditava que ele seria capaz de entender os problemas do negócio mais rápido do que qualquer outro executivo. David, visto por Roger como o líder espiritual da companhia, seria responsável por dirigir o dia a dia da operação e construir uma cultura focada em restaurantes.

O plano funcionou.

Andy rapidamente formou um dos mais prestigiados Conselhos de Administração do mundo, incluindo profissionais de destaque como Ron Daniel, vice-presidente da Universidade de Harvard e ex-diretor executivo da McKinsey and Company; James Dimon, presidente e chefe de operações do J. P. Morgan Chase; Massimo Ferragamo, presidente e vice-*chairman* do conselho da Ferragamo

USA, Inc; Robert Holland, ex-proprietário e CEO da WorkPlace Integrators; Sidney Kohl, que ajudou a construir as lojas de departamento Kohl's; Kenneth Langone, fundador, presidente do conselho e CEO da Invemed Associates, LLC, e fundador da Home Depot, Inc.; Jackie Trujillo, presidente do conselho da Harmon Management Corporation e membro do *Hall* da Fama de Serviços de Alimentação; Robert Ulrich, presidente e CEO da Target Corporation e das lojas Target; Jeanette Wagner, presidente da Estée Lauder Internacional, Inc.; e John Weinberg, presidente sênior do conselho da Goldman, Sacks & Company.

Desde o início, Andy e David se deram bem e se tornaram não apenas ótimos parceiros como grandes amigos. "Imagine", disse David. "Fui abençoado com a oportunidade de ser treinado por um dos maiores líderes da história dos negócios. Andy nasceu líder, um professor nato, e desde o primeiro dia ele disse que seu papel era construir uma grande empresa e fazer que eu me tornasse um grande CEO. Ele definitivamente colocou isso em prática e me ensinou mais do que eu jamais poderia imaginar. Hoje, ele é o homem de 78 anos mais jovem do mundo, que continua encarando a vida, aprendendo e nos ajudando a crescer."

Quando o *spin-off* se concretizou, em 7 de outubro de 1997, Pearson e Novak apresentaram seu novo time de líderes e definiram o que eles chamaram de Nossas Verdades Fundamentais. As Verdades Fundamentais foram definidas para estabelecer os princípios do negócio e institucionalizar as aprendizagens do passado.

Foram impressos cartazes com essas Verdades Fundamentais. Os gerentes dos restaurantes tornaram-se "fundadores" da nova organização e foram convidados a assinar os cartazes, mostrando seu apoio à nova filosofia focada em restaurantes. Iniciativas como essas passaram uma mensagem clara de que Pizza Hut,

MANIA DE CLIENTE!

Taco Bell e KFC agora eram uma única companhia, e não três empresas separadas. (As outras marcas, Long John Silver's e A&W All American Food Restaurants, seriam incorporadas mais tarde.)

NOSSAS VERDADES FUNDAMENTAIS	
O talento das pessoas em primeiro lugar...	*em seguida, clientes satisfeitos e lucratividade*
Responda aos seus clientes...	*não apenas ouça*
O líder número 1 é o gerente-geral do restaurante...	*e não os executivos seniores*
Administre cada restaurante como se fosse o único...	*evite cair na armadilha de estar na média*
Reconhecimento demonstra que você se importa...	*do contrário, as pessoas vão embora*
Operação eficiente e inovação em marketing geram vendas...	*não acusações*
Disciplina na operação através de padrões e processos...	*consistência, e não "programação do mês"*
Os franqueados são ativos vitais...	*opere como um sistema único, não como dois*
Qualidade em tudo o que faz...	*especialmente na comida*

ESCOLHENDO O NOME DA YUM!

Na época do *spin-off*, a nova empresa ainda não tinha um nome. Nesse ínterim, ela foi chamada de NUCO. Quando assumiu, uma das primeiras atribuições do vice-presidente sênior de Relações Públicas, Jonathan Blum, foi escolher um nome novo. Ele contratou a empresa Landor and Associates para ajudar nessa tarefa. O nome mais recomendado foi AMIA. Jonathan conta: "Não tinha nenhum significado específico, mas devia ser um nome fácil e simpático. Eu não tinha muita experiência em escolher nomes de empresas, então me pareceu bom. Levamos a escolha aos principais executivos. A Landor fez a apresentação, e todos foram muito educados. Mas, depois que a reunião terminou, disseram que era o pior nome que já tinham ouvido na vida.

"Duas semanas depois, o David me chamou de lado, colocou o braço em volta dos meus ombros e disse: 'Jonathan, sei que você teve a incumbência de coordenar a troca do nome da empresa, e quero que saiba que decidimos chamá-la de Tricon. O que acha?' "

"Eu respondi: 'Já que está me perguntando, é meio frio, tipo uma empresa de armamento nuclear.' "

"David sorriu e retrucou: 'É uma referência às nossas três marcas, KFC, Pizza Hut e Taco Bell — três ícones. Tricon, entendeu?' "

"Infelizmente, ninguém entendeu. É uma daquelas coisas que parecem óbvias quando você imagina, mas que ninguém entende. Um tempo depois, a Patty Sellars, da revista *Fortune,* veio fazer algumas entrevistas sobre a nova empresa. Era a primeira matéria ao nosso respeito, definindo quem éramos. Recebi uma cópia antes de a matéria ser publicada, e o título era: *Tricon: Ótima Direção, Péssimo Nome.* Eu jogo no meu time. Eu era o responsável pelas relações públicas e, logo na

MANIA DE CLIENTE!

primeira matéria relevante ao nosso respeito, estavam acabando com nosso novo nome. Eu não conhecia bem o David na época, então não tinha certeza de como ele iria reagir. Estava meio ansioso quando entrei em seu escritório com as boas/más notícias sobre o artigo da *Fortune*."

"Ele riu e disse: 'Isso é bem melhor do que *Péssima Direção, Ótimo Nome!* '"

"Então pensei: Se é assim que vai ser – não levar as coisas tão a sério e nos divertir –, vou ficar aqui pro resto da vida!".

Em março de 2002, a Tricon incorporou a Long John Silver's a A&W All American Food Restaurants. A estratégia por trás dessas aquisições era impulsionar um crescimento global, abrindo caminho para o mundo multimarcas. O time executivo acreditava que o conceito multimarcas, combinando duas marcas em um mesmo local e dobrando as possibilidades de escolha do cliente em um único restaurante, seria a chave para o crescimento no futuro. A aquisição da Long John Silver's e da A&W American Food Restaurants era a desculpa perfeita para mudar novamente o nome da empresa. Yum! Brands era a escolha ideal, já que YUM já era o código de negociação da companhia na Bolsa de Valores de Nova Iorque (NYSE). E, uma vez que o novo nome estava ligado a um novo posicionamento, o recomeço que chamamos de Segunda Chance estava em pleno andamento.

QUADRO DE RESULTADOS DA YUM!

A segunda chance

Nota 9 de 10

A aventura da Yum! foi bem descrita por David Novak. Juntar cinco marcas distintas e criar no mundo todo uma única cultura **Mania de Cliente** focada em pessoas foi realmente um tremendo recomeço. Devido à dificuldade de alcançar esse objetivo, demos a eles uma nota 9 numa escala de 0 a 10. Afinal de contas, estamos falando aqui de cinco marcas distintas, cada uma com sua própria trajetória – e 840 mil pessoas em 100 países. Pense numa MCI (Meta Crucialmente Importante) – esta seguramente foi uma delas!

PARTE II

COMO CRIAR UMA EMPRESA FOCADA NO CLIENTE DA MANEIRA CORRETA

Os quatro passos

CAPÍTULO 3

Primeiro passo

Mire no objetivo certo

O primeiro passo para criar uma empresa focada no cliente da maneira correta é mirar no objetivo certo. Segue o que entendo por objetivo certo. Mais adiante neste capítulo, veremos em que a Yum! mirou na sua trajetória. Ao final, daremos uma nota ao que eles fizeram comparado ao que seria o meu ideal.

O IDEAL DE BLANCHARD

Atualmente, Wall Street e a pressão do mundo dos negócios fazem as pessoas acreditarem que a única coisa que importa para as empresas é o sucesso financeiro – que elas sejam a melhor opção de investimento. Mesmo assim, poucos empresários, se é que existe algum, vão querer escrever em sua lápide o preço da ação ou a margem de lucro de sua empresa.

Grandes empresas, quando construídas da maneira correta, são escolhidas por todos nestas três categorias: como fornecedora, como empregadora e como opção de investimento. Os executivos das grandes empresas sabem que as pessoas são tão importantes quanto o resultado financeiro. Na verdade, eles sabem que seus clientes e colaboradores é que *geram* o resultado financeiro. Muitas empresas têm uma filosofia de "um ou outro", ou seja, devem escolher entre o resultado financeiro ou as pessoas, mas todas as grandes organizações em que trabalhei ao longo dos anos têm a filosofia de "um e outro". As pessoas, ambos, clientes e colaboradores, são colocados no mesmo nível de importância. Essas empresas percebem que:

O lucro é o aplauso que você recebe por tratar bem *seus clientes* e por criar um ambiente motivacional para *seus colaboradores*.

CUIDAR DOS CLIENTES

(Ser escolhida como fornecedora)

O mundo mudou de tal maneira que o consumidor, e não o vendedor, é quem está na direção. Nos dias de hoje, ninguém precisa convencer ninguém de que o cliente é o rei. A concorrência está em toda parte. As pessoas estão percebendo que as organizações não vão a lugar nenhum sem a lealdade e o comprometimento de seus clientes. As empresas se motivam a mudar quando descobrem a nova regra:

Se você não cuida dos seus clientes, alguém cuidará.

No livro *Raving Fans: A Revolutionary Approach to Customer Service*, Sheldon Bowles e eu afirmamos que, atualmente, para fidelizar seus clientes, você não pode apenas se contentar em satisfazê-los; você precisa criar fãs incondicionais.

Primeiro passo: Mire no objetivo certo

Descrevemos fãs incondicionais como aqueles clientes que ficam tão felizes com a forma como são tratados que saem contando para todo mundo sobre você; eles se tornam parte da sua equipe de vendas. Vamos ver um exemplo simples, mas poderoso.

Como é o serviço de despertador nos hotéis americanos hoje? O telefone toca na hora marcada, mas, quando você atende, não há ninguém do outro lado da linha. Ao menos eles têm um sistema telefônico que liga para seu quarto na hora certa. O outro serviço de despertador mais comum tem uma mensagem gravada. Mas, de novo, não há ninguém do outro lado da linha. Hoje, se você atende o telefone e há um ser humano do outro lado da linha, alguém com quem você possa realmente falar, você dificilmente sabe o que dizer. Há algum tempo, eu estava hospedado no Hotel Marriott Convention em Orlando e pedi um serviço de despertador para as 7h. Quando o telefone tocou e eu atendi, uma mulher disse: "Bom dia, Sr. Blanchard, aqui fala Teresa. São 7h. Vai fazer 24º C e um dia lindo em Orlando hoje, mas seu bilhete mostra que o senhor vai embora hoje. Para onde está indo?".

Surpreso, eu gaguejei: "Estou indo para Nova Iorque".

Ela respondeu: "Deixe-me ver a previsão do tempo. Nossa, vai fazer 5°C e vai chover em Nova Iorque hoje. O senhor não pode ficar mais um dia?".

Agora, onde você acha que quero ficar quando eu for a Orlando? Quero ficar no Marriott para falar com a Teresa pela manhã! Fãs incondicionais são criados por empresas cujo serviço vai além da concorrência e até além das expectativas. Elas fazem o inesperado e depois tiram vantagem do crescimento gerado pelos clientes que espontaneamente trabalham para elas.

CRIAR UM AMBIENTE DE TRABALHO MOTIVADOR

(Ser escolhido como empregador)

Não há muita discussão hoje quando você diz aos executivos que as pessoas são seus ativos mais importantes. Alguns até afirmam que o cliente deve vir em segundo lugar, porque, sem o comprometimento e o empoderamento dos funcionários, não se pode prestar um bom serviço. Você não pode tratar mal seus funcionários e esperar que eles tratem bem seus clientes.

Recentemente tive uma experiência interessante em uma loja de departamento que ilustra bem este ponto. Normalmente faço compras na Nordstrom's, mas naquele dia eu estava em uma concorrente. Percebi que precisava falar com a minha esposa e perguntei ao vendedor do departamento masculino se eu poderia usar o telefone, ao que ele respondeu: "Não!".

Então eu disse: "Você deve estar brincando, sempre me deixam usar o telefone na Nordstrom's". Ele disse: "Olhe, meu camarada, não me deixam usar o telefone aqui. Por que eu deixaria você usar?".

Por que seus funcionários são tão importantes, afinal? Porque atualmente sua organização é avaliada pela rapidez com que responde aos problemas e às necessidades dos clientes. "Preciso perguntar ao meu chefe" não cabe mais. Ninguém quer saber quem é o chefe. A única coisa que os clientes querem é saber quem atende o telefone, quem os cumprimenta, quem anota seus pedidos, quem faz suas entregas e quem responde às suas reclamações. Eles querem um serviço de excelência, e querem rápido. Isso significa que você precisa criar um ambiente e uma estrutura organizacional flexível, que permita a seus funcionários fazer o trabalho da melhor maneira possível.

OUVIR O SOM DA CAIXA REGISTRADORA

(Ser escolhido como opção de investimento)

Como tudo isso impacta os resultados da empresa? De duas maneiras. Se o seu lucro é o resultado da receita menos as despesas, você pode elevá-lo diminuindo custos ou aumentando a receita. Vamos olhar primeiramente os custos, porque no ambiente competitivo de hoje ganha aquele que faz mais com menos. Mais empresas estão concluindo que a única maneira de se tornarem financeiramente eficientes é reduzindo pessoal. Não há dúvida de que algumas reduções de pessoal são necessárias em estruturas inchadas, nas quais todo mundo tem um assistente, e mais o assistente do assistente. Mesmo assim, reduzir pessoal é um desgaste de energia e não é, de forma alguma, a única maneira de administrar custos.

Há uma percepção crescente de que outra forma eficaz de administrar custos é transformar seus funcionários em parceiros de negócio. Por exemplo, em algumas empresas, funcionários novos não podem ter aumento até que possam ver o balancete e entender onde e como seu esforço individual está impactando o P&L (Relatório de Lucros e Perdas). Quando as pessoas entendem como sua organização ganha dinheiro, elas se comprometem muito mais em arregaçar as mangas e contribuir no processo.

Em geral, os executivos ficam relutantes em compartilhar informações financeiras. Mas, atualmente, muitas empresas estão adotando uma "administração de livros abertos", porque perceberam o enorme ganho financeiro que podem ter ao compartilhar informações "confidenciais." Por exemplo, ao trabalhar com uma empresa de restaurantes, um consultor estava

MANIA DE CLIENTE!

com dificuldades em convencer o presidente das vantagens de compartilhar informações financeiras importantes com seus funcionários. Para mudar sua opinião, o consultor foi ao maior restaurante da rede no final do expediente. Depois de separar todos os funcionários – cozinheiros, lavadores de pratos, garçons, garçonetes, recepcionistas etc., – em grupos de cinco ou seis, pediu a eles que chegassem a um consenso sobre a resposta a uma pergunta: "De cada dólar que entra no caixa deste restaurante, quantos centavos vocês acreditam que entram no resultado da empresa – valor que retorna ao investidor como lucro ou que é reinvestido no negócio?".

O menor valor mencionado foi 40 centavos. Muitos grupos acharam que era 70 centavos. A realidade é que, em um restaurante, se você ganha 5 centavos a cada dólar, já fica feliz; 10 centavos, você entra em êxtase! Você pode imaginar qual era a postura dos funcionários em relação a coisas como custo de alimentação, custo de pessoal e indenizações se eles achavam que a companhia era uma máquina de fazer dinheiro? Depois de mostrar os números reais, o presidente ficou feliz quando um *chef* de cozinha perguntou: "Quer dizer que, se eu queimo um filé que custa 6 dólares e que vendemos por 20, numa margem de lucro de 5%, teremos de vender 6 filés sem obter basicamente nenhum lucro para compensar o erro?". Ele tinha captado o sentido.

**Se você mantiver seus funcionários
bem informados e deixar que eles
usem a inteligência, você ficará surpreso
com a maneira como eles poderão
ajudar a gerenciar os custos.**

Primeiro passo: Mire no objetivo certo

E quanto aos lucros? Se você tiver pessoas comprometidas e empoderadas – cliente maníacos – que gerem fãs incondicionais, não há como não aumentar seus lucros. Por quê? Porque todo fã incondicional contribui com sua equipe de vendas. Sua caixa registradora vai fazer muito barulho.

Assim que os executivos das empresas focadas no cliente estabelecerem esses três pontos como objetivo – ser escolhidas como fornecedora, como empregadora e como opção de investimento –, eles estarão prontos para focar a energia de todos em uma visão organizacional clara.

VISÃO E DIREÇÃO: PARA ONDE VAMOS?

Liderar é dar uma direção. Em organizações eficientes, todos sabem claramente onde a empresa quer chegar. Elas têm uma visão convincente.

No nosso livro *A todo vapor!*, Jesse Stoner e eu afirmamos que uma visão convincente tem três componentes. O primeiro é o *propósito*: Em que negócio você está envolvido? O segundo é a *visão de futuro*: Como será o futuro quando as coisas estiverem saindo como planejado? O terceiro são os *valores*: Como você quer que as pessoas atuem quando estiverem trabalhando buscando propósito e o que você imagina para o futuro?

Propósito. Quando Walt Disney começou seus parques temáticos, ele tinha um propósito claro – seu negócio era alegrar as pessoas. Isso é bem melhor que uma missão sem graça que poderia não inspirar ninguém. Algum tempo atrás, eu estava trabalhando com um grande banco. Depois de ler sua missão, perguntei se iria funcionar se eu a deixasse ao lado da minha cama para ler no caso de insônia.

Há uma organização maravilhosa em Orlando chamada *Give Kids the World* [Dê o Mundo às Crianças], uma idealização da *Make-a-Wish Foundation* (Fundação Faça um Pedido). Crianças terminais que sempre quiseram ir à Disney ou ao SeaWorld, ou a qualquer outra atração em Orlando, têm a chance de realizar esse sonho através da *Give Kids the World*. Ao longo dos anos, eles já levaram mais de 50 mil famílias a Orlando por uma semana, sem nenhum custo. A organização acredita que ter uma criança doente afeta toda a família, portanto todos podem ir a Orlando. Quando você pergunta qual é o negócio deles, eles respondem que é criar memórias — querem criar memórias para essas crianças.

Quando estive lá, passei por um homem que estava cortando a grama. Pensei em fazer um teste para ver quanto ele entendia a missão da organização, então parei e perguntei: "O que vocês fazem aqui na *Give Kids the World?*".

Ele sorriu e disse: "Criamos memórias".

"Como você cria memórias?", perguntei. "Você só corta a grama..."

Ele respondeu: "Eu seguramente não crio memórias se apenas ficar cortando A grama quando uma família passa. Você sempre consegue perceber quem é a criança doente, então eu pergunto se ela ou um irmão ou irmã querem me ajudar com o trabalho".

Não é maravilhoso? Isso mantém aquele homem focado em servir as pessoas que vão ao *Give Kids the World*.

Visão de futuro. Quando Walt Disney foi a seus parques temáticos, sua visão de futuro foi que as pessoas saíssem de lá com o

Primeiro passo: Mire no objetivo certo

mesmo sorriso no rosto de quando entraram seis, oito ou dose horas antes. O objetivo era "Manter as pessoas sorrindo".

Na *Give Kids the World*, a visão de futuro é que, em sua última semana de vida, essas crianças ainda estejam rindo e falando com seus familiares a respeito de Orlando.

Valores. O terceiro componente de uma visão convincente são os valores. Os valores guiam o comportamento das pessoas quando elas estão trabalhando no seu propósito e na sua visão de futuro. Poucas organizações têm valores operacionais, e as que têm normalmente cometem um ou dois erros. O primeiro é ter muitos valores – oito, dez ou doze. Nossa pesquisa mostra que as pessoas não conseguem administrar mais do que três ou quatro valores se esses valores devem guiar seu comportamento. O segundo erro é que as organizações raramente classificam seus valores por ordem de importância. A vida é feita de conflitos de valores. Se os valores são simplesmente listados e as pessoas podem pegar ou escolher o valor que quiserem, isso abre espaço para conflitos éticos.

Nos parques da Disney, eles classificaram quatro valores por ordem de importância: segurança, cortesia, aparência e eficiência. Por que segurança é o primeiro valor? Walt Disney sabia que, se as pessoas saíssem de um dos seus parques carregadas numa maca, elas não teriam no rosto o mesmo sorriso de quando entraram seis, oito ou doze horas antes.

O segundo valor listado, cortesia, é sobre a atenção que você espera receber em um parque da Disney. Por que é importante saber que esse é o segundo valor da lista? Vamos supor que um dos membros do elenco (como eles chamam os colaboradores) esteja respondendo a uma pergunta de forma atenciosa e educada, e então ouve um grito de socorro vindo da montanha-russa. Se o membro do elenco agir de acordo com a escala de valores, ele vai se desculpar da forma mais educada e rápida possível e vai correndo verificar o motivo do grito. Por quê? Porque o valor número um foi disparado. Se os valores não são classificados por ordem de importância e o membro do elenco está gostando da interação com o visitante, ele pode dizer: "Estão sempre gritando no parque", e não atender ao grito de socorro. Mais tarde alguém poderia dizer ao membro do elenco: "Você era a pessoa mais próxima ao local do grito, por que não foi verificar?". A resposta poderia ser: "Eu estava agindo de acordo com nosso valor de cortesia". É fácil perceber que a vida é feita de conflitos de valores. Há momentos em que você não pode agir de acordo com dois valores ao mesmo tempo.

Ter um conjunto de valores operacionais é muito importante em uma organização. Em empresas sem valores, cada pessoa aplica seus próprios valores ao trabalho. Diante da diversidade cultural da população, isso pode se tornar confuso.

A IMPORTÂNCIA DA VISÃO

É muito importante ter uma visão clara. Ela comunica – tanto internamente quanto para fora da empresa – quem você é (propósito), para onde vai (visão de futuro) e o que o guiará nessa jornada (valores). Definida a visão, as metas são estabelecidas. As metas mostram às pessoas onde elas devem focar seus esforços. Afinal, um bom desempenho começa com metas claras.

A pirâmide hierárquica tradicional é bastante adequada a esse tipo visionário de liderança. A direção e a visão clara

Primeiro passo: Mire no objetivo certo

começam pelos altos executivos e devem ser divulgadas para toda a organização pelos líderes de cada área. As pessoas enxergam a visão e direção da empresa em seus superiores. Os altos executivos devem envolver as pessoas mais experientes na definição da direção, mas cabe somente a eles a *responsabilidade* final pela visão. Para que esse processo seja eficiente, todos na organização devem ser *responsivos* à visão.

O papel visionário da liderança

PRIMEIRO PASSO

MIRE NO
OBJETIVO CERTO

RESUMO DOS CONCEITOS

Uma empresa focada no cliente, que mira nos objetivos certos, deve:

- Ser *escolhida como fornecedora* e cuidar dos seus clientes.

- Ser *escolhida como empregadora* e criar um ambiente motivacional para seus colaboradores.

- Ser *escolhida como opção de investimento* e encher a caixa registradora.

- Ter uma *visão* compartilhada e convincente.

A REALIDADE DA YUM!
MIRANDO ALTO

Quanto mais falamos com as pessoas na Yum!, mais percebemos que elas têm o objetivo certo. A empresa está mirando alto. Além de ter uma visão e uma direção apoiadas nos três principais pilares (ser escolhida como fornecedora, como empregadora e como opção de investimento), sua fórmula de sucesso (o talento das pessoas em primeiro lugar... clientes satisfeitos e lucratividade como consequência) enfatiza as prioridades certas: as pessoas e os clientes, depois os lucros.

PROPÓSITO: QUEM SOMOS?

A Yum! não tem meramente um propósito, tem uma *paixão*. E é assim que eles o definem.

Nossa paixão

Mania de Cliente... agir como parte de um sistema para colocar um sorriso de satisfação no rosto de seu cliente no mundo todo

Pete Bassi, *chairman* do Conselho Administrativo da Yum! Restaurants International, definiu a Declaração de Paixão da empresa da seguinte forma: "A palavra *Yum!* tem uma conotação pessoal e positiva. Quando uma coisa é gostosa, dizemos *Yum!* e sorrimos. Mas, quando dizemos que queremos colocar um sorriso de satisfação no rosto das pessoas, significa muito mais do que preparar e servir uma boa comida; também queremos que elas fiquem felizes com a experiência de ir a um dos nossos restaurantes. Isso traduz tudo e mostra que somos uma empresa divertida e diferente".

Colocar um sorriso de satisfação no rosto das pessoas não significa apenas atender os clientes, mas também atender as necessidades dos empregados, franqueados e, claro, investidores. Peter Hearl, presidente da Pizza Hut e um veterano em negócios internacionais, explica: "O significado cultural mais profundo de Yum! é que, tanto internamente quanto fora da organização, estamos comprometidos em desenvolver relacionamentos significativos e duradouros com as pessoas. Para nossos funcionários, esse sentimento de ser compreendido é essencial. É o que significa a frase *Você Me Entende.*"

"Aqui, o sorriso no rosto é o resultado desse sentimento de fazer parte da organização e de saber que você pode fazer a diferença. Você acorda todos os dias e vai trabalhar sabendo que aquele é um lugar caloroso, excitante, divertido, gratificante, desafiador e cheio de animação."

VISÃO DE FUTURO: PARA ONDE VAMOS?

A visão de futuro dos executivos da Yum! é ampla e clara. Eles aspiram estar entre as dez melhores empresas para se trabalhar, estar entre as dez mais admiradas e ser a melhor empresa de restaurantes do mundo. Se uma empresa de serviço rápido tem essa pretensão colossal, os executivos sabem que eles precisam ter uma cultura de tirar o fôlego. Eles entendem a importância da seguinte afirmação:

A maneira mais eficiente para promover a mudança desejada em uma empresa é impactar sua cultura.

O que é a cultura? É um sistema compartilhado daquilo que é relevante. É aquilo que as pessoas valorizam, como elas agem e onde colocam sua atenção. É isso que a Yum! quer ter – uma cultura extraordinária que se baseia em pessoas, com foco no desempenho. O segredo é não focar em pessoas *ou* resultados, mas em ambos, em pessoas *e* resultados.

O comprometimento *e* a maneira de pensar da empresa fazem que as pessoas enxerguem uma cultura extremamente diferente. Investir nas necessidades humanas universais (como a necessidade de acreditar e confiar em seu trabalho, de poder fazer o melhor, de aprender para melhorar, de ser reconhecido e recompensado) leva ao alto desempenho. O fato de essas necessidades serem universais significa que a cultura pode ultrapassar as aparentes barreiras de linguagem, etnia e raça, e ser disseminada pelo mundo.

As histórias a seguir captam a essência da cultura que a empresa está tentando criar. Tratam de duas pessoas, Mario Garcia, um gerente-geral de restaurante, e Jane Lanza, sua mentora e *coach* regional da Taco Bell em Long Island, Nova Iorque. As palavras são de Mario e Jane, e não nossas, e os dois são uma prova da cultura positiva da Yum!

MARIO GARCIA, GERENTE-GERAL DE RESTAURANTE DA TACO BELL

Eu vim de El Salvador para os EUA em 1990, quando eu tinha 19 anos. Dois familiares já estavam aqui e organizaram tudo para que eu viesse para cá junto com outras duas pessoas da minha família. Eu tinha família e amigos em Long Island, então foi aqui que vim morar. Eu vim para os EUA para encontrar trabalho, fazer a vida e ajudar minha família em El Salvador.

MANIA DE CLIENTE!

Meu primo disse que eu deveria fazer uma ficha na Taco Bell. Não achei que fosse funcionar, uma vez que eu quase não falava inglês, mas decidi tentar. No restaurante conheci a Jane Lanza, que na época era a gerente-geral do restaurante (GGR). Ela disse que não tinha vaga, mas que, se eu trabalhasse aos finais de semana limpando o estacionamento por duas horas, ela me ajudaria.

Eu disse que sim, e em duas semanas eu estava trabalhando 40 horas por semana. Acredito que a Jane achou que eu era de confiança. Havia muita gente que falava espanhol trabalhando no restaurante, e eles me deram muito apoio. Eu trabalhava muito, e nos intervalos estudava inglês. Bem rápido consegui falar o que chamamos de inglês da Taco – o inglês suficiente para ser capaz de trabalhar bem no restaurante.

Jane me ajudou muito. Ela me deu a oportunidade de aprender coisas novas. Cerca de um ano depois, fui promovido a supervisor de turno. Foi uma grande conquista para mim. Eu não teria nem tentado se a Jane não estivesse sempre me ajudando e dizendo que eu era capaz. Em dois anos, fui promovido a gerente assistente de outro restaurante. Tive de aprender muitas coisas sobre como lidar com as pessoas e sobre o que é necessário para gerenciar um restaurante. Precisei aprender a coordenar as pessoas que faziam parte da minha equipe, o que foi bem difícil.

Nos anos seguintes, trabalhei em seis restaurantes diferentes e me tornei gerente assistente sênior. Com a experiência e o conhecimento que adquiri, fui promovido a gerente-geral de restaurante multimarca – uma combinação da Taco Bell com a Pizza Hut –, um novo conceito de restaurante que a empresa estava começando a abrir em Long Island.

Eu não tinha certeza se iria conseguir, mas a Jane Lanza havia sido promovida a *coach* de área, e minha loja estava sob sua responsabilidade. Isso me fez sentir bem mais tranquilo a respeito da minha nova posição, pois eu sabia que a Jane me ajudaria. Depois de alguns meses, Jane disse que eu estava muito dependente dela, então comecei a cuidar das coisas por mim mesmo e com o apoio do meu time, mas Jane sempre estava disponível quando eu precisava. No final do primeiro ano, obtive um crescimento de 132% nas vendas em relação ao ano anterior, sendo o melhor da nossa região.

Uma das coisas que mais gosto no meu trabalho é ajudar outras pessoas a se desenvolverem, assim como a Jane me ajudou. Realmente me faz muito bem vê-las crescer. Também gosto muito de envolver as pessoas nos assuntos do restaurante.

JANE LANZA, *COACH* DE ÁREA DA TACO BELL

A principal tarefa de um gerente-geral de restaurante é desenvolver pessoas. Se você não desenvolve seu pessoal, muitos problemas podem acontecer. Mesmo que você seja um ótimo gerente, você não pode estar no restaurante o tempo todo. O que realmente importa numa loja não é o que acontece quando você está lá, mas o que acontece quando você não está. Portanto, você precisa desenvolver as pessoas e formar um time que goste de trabalhar ali.

Sempre digo que você precisa criar um ambiente acolhedor, onde as pessoas gostem de estar, um lugar onde trabalhem muito, mas também se divirtam, gostem uns dos outros e, principalmente, gostem de atender os clientes. Se eles não gostarem de atender clientes, estão no lugar errado – e isso vale para qualquer pessoa da equipe ou para o gerente do restaurante. É um trabalho muito complicado, mas é muito mais fácil quando você desenvolve as pessoas.

Atualmente, cerca de 90% do nosso time são imigrantes que falam espanhol; era menos naquela época, mas não muito.

Se eles não falam inglês, fica difícil criar oportunidades de crescimento. Quando alguém está começando, a primeira resposta que você ouve é: 'Não, eu não vou conseguir'. Mas, quando você se dedica a treinar, e a dar apoio e reconhecimento às pessoas, elas conseguem e se surpreendem com seu próprio desempenho, como aconteceu com o Mario.

Você logo percebe quando um gerente-geral faz um bom trabalho no restaurante. Não é o que você vê; é o que você sente. Quando você está em um bom restaurante, você se sente bem, não existe tensão no ar. Mesmo antes de ter contato com alguém, você percebe o clima do lugar, vê nos detalhes. Se há alguma coisa caída no chão, alguém percebe e limpa sem que ninguém peça. Eles tomam iniciativa em relação a tudo. Se as pessoas sentem que o restaurante é como sua casa, cuidam dele como se fosse sua casa.

Costumávamos contratar pessoas de fora, agora promovemos pessoas de dentro, com base no desempenho no trabalho. Minha experiência mostra que as melhores pessoas são aquelas que promovemos dentro da casa. Mario é um excelente exemplo disso.

Esses testemunhos são exemplos de uma cultura baseada em pessoas e focada em resultados. O apoio que Mario recebeu de Jane e de sua equipe para administrar um restaurante de sucesso é um exemplo de como a empresa se dedica às pessoas *e* aos resultados.

A DINASTIA YUM!

Qual é a estratégia da empresa para criar mais histórias como as de Mario e Jane na organização? É o Modelo de Dinastia da Yum! – sua perspectiva de futuro.

Em muitas organizações, a palavra *dinastia* estaria associada ao poder centralizado em um único soberano, com grande exaltação

Primeiro passo: Mire no objetivo certo

pessoal e uma sucessão de herdeiros para perpetuar o nome da família. Na verdade, David Novak está preocupado com o que a empresa será para as futuras gerações, e não em prestar homenagem a seus fundadores. É uma visão de futuro compartilhado, claro e duradouro. A ideia por trás da palavra *dinastia* é iluminar a mente das pessoas com um propósito, dar a elas o sentimento de fazer parte de um processo – uma jornada com uma empresa que é flexível a ponto de se adaptar às mudanças, mas também é sólida a ponto de garantir sustentabilidade no longo prazo.

A empresa mirou no Modelo de Dinastia como objetivo certo. Sua Declaração de Missão – Nossa Paixão – reforça o espírito Mania de Cliente. É ao mesmo tempo uma declaração do que eles querem que todos sejam na organização – Cliente Maníacos – e também um padrão de comportamento em relação ao serviço ao cliente. A fórmula do sucesso identifica a ideia principal da sua cultura: o talento das pessoas em primeiro lugar e em seguida os resultados – clientes satisfeitos e lucratividade como consequência. Os papéis dos executivos estão definidos, e os objetivos da empresa são traduzidos em cinco estratégias principais. Os princípios de Como Trabalhamos Juntos e o acordo com os franqueados (termo de compromisso mútuo firmado entre a Yum! e os franqueados) são os fundamentos nos quais todo o resto se apoia. O que faz esse Modelo de Dinastia realmente funcionar é a aderência aos princípios do Como Trabalhamos Juntos, que são essencialmente os valores da empresa.

OS VALORES FUNDAMENTAIS: O QUE VAI GUIAR SUA JORNADA?

Os valores dizem respeito à maneira como pessoas vão se comportar quando estiverem vivendo de acordo com o propósito e a visão de futuro que os líderes estabeleceram. Greff Dedrick, presidente da KFC e ex-diretor de recursos humanos da Yum!, relata como a empresa chegou aos valores que iriam guiar e direcionar a organização.

O MODELO DE DINASTIA DA YUM!

Nossa paixão

Mania de Cliente...
agir como parte de um sistema
para colocar um sorriso de
satisfação no rosto dos clientes
no mundo todo

Nossa fórmula de sucesso

O talento das pessoas em
primeiro lugar... clientes
satisfeitos e lucratividade
como consequência

Como lideramos

1. Ser um cliente maníaco
2. Conhecer e dirigir o negócio
3. Formar, inspirar e apoiar as equipes

Como vencemos

Oferecer as melhores opções de restaurantes de marca aos clientes
... multimarcas com marcas de sucesso

1. Administrar restaurantes de sucesso	2. Diferenciar as marcas em tudo o que fazemos	3. Conduzir expansão global	4. Ser líder em multimarcas	5. Converter fluxo de caixa em alto valor

Como trabalhamos juntos

Nossos princípios de liderança do Como Trabalhamos Juntos

Nosso acordo de parceria com os franqueados

Primeiro passo: Mire no objetivo certo

"Basicamente", disse Dedrick, "tudo o que fizemos previamente se baseou em um modelo simbólico. Nós nos perguntamos: Qual é a nossa estratégia? Qual é a nossa estrutura para suportá-la? E qual é a nossa cultura – os valores que vão guiar e manter tudo isso junto? Os líderes foram responsáveis por coletar as informações em cada umas dessas áreas, formatar e comunicar à organização. Estávamos sempre recebendo os comentários sobre o que estava funcionando e o que não estava."

Anteriormente, Novak e os cofundadores tinham iniciado um intenso processo de *benchmarking* com empresas de sucesso em vários segmentos do mercado. Eles também avaliaram o que gerentes-gerais de sucesso haviam feito para que seus restaurantes dessem certo. O time concluiu que as operações de sucesso, dentro e fora do negócio, tinham foco no cliente e uma ampla aderência a oito princípios operacionais básicos. Eles batizaram esses princípios de Como Trabalhamos Juntos e declararam que seria necessária a adesão de todos os colaboradores para administrar um restaurante de sucesso.

A visão da empresa – o objetivo que eles buscam – se baseia na sua Declaração de Paixão, no Modelo de Dinastia da Yum! e nos princípios de Como Trabalhamos Juntos. Sam Su, o presidente da Yum! para a Grande China – que compreende China, Taiwan e Hong Kong –, resume a importância da visão e da direção da Yum!:

> Na PepsiCo, eles tinham uma cultura muito baseada nos resultados – pessoas importantes fazendo coisas importantes. Mas não havia um foco real ou uma *expertise* no negócio de restaurantes. Acho que o *spin-off* foi uma das melhores coisas que poderia ter acontecido à Yum! As pessoas que queriam fazer

57

MANIA DE CLIENTE!

OS PRINCÍPIOS DO
COMO TRABALHAMOS JUNTOS
(VALORES DA YUM!)

Mania de Cliente

Não apenas ouvimos e respondemos ao que nossos clientes nos pedem; somos obcecados em ir além e fazer nossos clientes felizes.

Crença nas pessoas

Acreditamos nas pessoas, confiamos nas intenções positivas, incentivamos as ideias de todos e desenvolvemos ativamente uma mão de obra diversa em estilos e experiências.

Reconhecimento

Encontramos razões para celebrar as conquistas dos outros e nos divertimos com isso.

Coaching e apoio

Orientamos e apoiamos uns aos outros.

Responsabilização

Fazemos aquilo que pregamos, assumimos a responsabilidade pelos resultados e agimos como donos.

Excelência na execução

Superamos os resultados de anos anteriores melhorando e inovando continuamente. Seguimos trabalhando com intensidade diária.

Energia positiva

Fazemos nosso trabalho com intensidade e energia positiva – detestamos burocracia e todas as coisas sem sentido relacionadas a ela.

Trabalho em equipe

Praticamos o trabalho em equipe, trabalho separado depois de conflito produtivo.

Primeiro passo: Mire no objetivo certo

parte da PepsiCo ficaram, e aquelas que gostavam do ramo de restaurantes se juntaram a nós, e começamos a desenhar nosso próprio futuro. Agora somos um único negócio, e acredito que bem mais focado e afiado. Tudo isso – nossa paixão, a dinastia e os princípios de Como Trabalhamos Juntos – nos ajudou a entender e a executar o que era essencial para termos sucesso no negócio de restaurantes. Tudo se baseia nas pessoas e em atender os clientes.

A China é o melhor exemplo do poder de visão da companhia. Inicialmente, havia dúvida se a cultura de elevado reconhecimento da Yum! funcionaria na China conservadora. Mesmo assim, Sam Su entendeu a visão, abraçou o conceito e o elevou a outro patamar. Desde o começo do *spin-off*, os lucros da China aumentaram de US$ 15 para US$ 150 milhões, e o grupo da China celebrou recentemente a inauguração de sua milésima loja da KFC.

QUADRO DE RESULTADOS DA YUM!
Mirando nos objetivos certos
Nota 8 de 10

Em relação à visão, a Yum! obteve um 8 em uma escala de 0 a 10. Você pode dizer: "Claro, o propósito e a visão de futuro são claros, mas você disse que uma empresa deveria ter somente três ou quatro valores, e eles têm oito! E você disse que os valores devem ser listados em ordem de importância, e os líderes da empresa não disseram que seus princípios de Como Trabalhamos Juntos estão listados nessa ordem".

Tenho várias respostas a essas questões. Primeiro, eu realmente disse a Novak e a seus líderes que eles deveriam ter alguns valores apenas, mas eles têm feito um trabalho tão bom em passar adiante esses conceitos na organização, que eles acharam que eu estava errado nesse ponto. De fato, Aylwin Lewis, seu COO, me disse que eu estava louco, porque os princípios do Como Trabalhamos Juntos já estavam estabelecidos e funcionando bem. Quando percebi a aceitação e o conhecimento desses princípios, desisti. Em relação a colocar os valores em ordem de prioridade, a Yum! faz isso a seu próprio modo. Já que o objetivo é criar a cultura de Mania de Cliente, e os três elementos-chave são a crença nas pessoas, o reconhecimento e o *coaching* e apoio, esses são os principais. Responsabilização, excelência, energia

Primeiro passo: Mire no objetivo certo

positiva e trabalho em equipe, ainda que sejam importantes, não são tão relevantes na mente das pessoas quanto os quatro primeiros.

Minha conclusão é que, embora eles não tenham seguido meu *benchmarking* de modo literal, ainda merecem uma nota 8. Em termos de clareza, eles sabem quem são, para onde vão e o que guia sua jornada. Eles não alcançaram a perfeição – a nota 10 – porque ainda não conseguiram disseminar totalmente sua visão no nível dos restaurantes. Portanto, ainda há trabalho a fazer para que a visão seja totalmente entendida e aplicada onde realmente importa – nos restaurantes e junto aos clientes.

Nunca esquecerei o dia em que almocei com Max DePree, o lendário presidente do Conselho de Administração da Herman Miller. Perguntei a ele qual tinha sido sua principal função como CEO daquela empresa fantástica. Ele respondeu: "Minha ênfase era na visão. Eu precisava ser como um professor de terceira série. Precisava repetir, e repetir, e repetir até que as pessoas entendessem aquilo direito".

Aqui vai meu desejo para que a Yum! continue a recrutar professores de terceira série que possam levar a mensagem a todos, por toda parte.

CAPÍTULO 4

Segundo passo

Trate seus clientes corretamente

O segundo passo para construir uma empresa com foco no cliente é tratá-lo da forma correta. Todas as empresas sabem disso, mas poucas organizações criam fãs incondicionais – clientes que enaltecem a empresa. Aqui está minha estratégia.

O IDEAL DE BLANCHARD

Se você quer criar fãs incondicionais, não pode apenas anunciar isso. Você precisa planejar como vai conseguir isso – precisa visualizar como fazer isso. Que tipo de experiência você quer que seus clientes tenham quando interagirem em cada nível da sua organização?

VISUALIZE O SEU SONHO

Sheldon Bowles, coautor do livro *Raving Fans* publicado comigo em 1993, foi um dos fundadores de uma cadeia de postos de gasolina de serviço completo no Oeste do Canadá chamada Domo Gas. Nos anos 1970, quando todos iam a postos de gasolina de serviço completo, Sheldon sabia que, se as pessoas pudessem, certamente não escolheriam ir a um posto de gasolina.

MANIA DE CLIENTE!

Portanto, quando iam, queriam entrar e sair o mais rápido possível. A imagem do atendimento ao cliente que Sheldon e seus sócios fizeram foi a de um *pit stop* das 500 milhas de Indianápolis, com todos os atendentes vestindo macacões vermelhos. Quando o cliente entrasse em um dos postos, duas ou três pessoas sairiam correndo em direção ao carro e, rapidamente, abririam o capô, limpariam o para-brisa e ligariam a bomba de gasolina. Em um posto da Califórnia que gostou do conceito, eles serviam cafezinho e davam jornal aos clientes, pediam que saíssem do carro e aspiravam o interior. Quando os clientes iam embora, ganhavam um panfleto dizendo: "Obs.: Aqui também vendemos gasolina".

Eu amo o conceito Momentos da Verdade que Jan Carlzon usou para criar uma cultura focada no cliente quando era presidente do Sistema Aéreo Escandinavo:

"Um Momento da Verdade é qualquer ocasião em que um cliente entra em contato com alguém da organização de uma forma que possa gerar uma impressão. Como atendemos o telefone? Como fazemos o *check-in*? Como cumprimentamos os passageiros no avião? Como interagimos com eles durante os voos? Como cuidamos da bagagem? O que fazemos quando acontece algum problema?"

As organizações com um ótimo atendimento ao cliente analisam cada interação que têm com seus clientes e determinam como gostariam que fosse o cenário. Uma das formas de pensar sobre o assunto é supor que estejam falando no mercado que seu atendimento ao cliente é fabuloso. Há clientes felizes por toda parte enaltecendo a empresa. Um canal de televisão reconhecido fica sabendo e decide enviar uma equipe

Segundo passo: Trate seus clientes corretamente

para filmar o que acontece na sua organização. Com quem eles iriam querer falar? O que seus funcionários diriam a eles? O que essas pessoas estariam vendo?

Criar fãs incondicionais começa com um retrato, uma imagem do tipo de experiência que você quer que seu cliente tenha. Analisar o Momento da Verdade de cada departamento e decidir como você quer que funcione é um bom começo.

OUVINDO O CLIENTE

Depois de decidir como você quer que as coisas aconteçam, é importante descobrir o que seus clientes gostariam que acontecesse. O que tornaria a experiência deles melhor? Pergunte a eles! Mas pergunte de uma maneira que estimule uma resposta. Por exemplo, quantas vezes você já foi a um restaurante e o gerente foi até sua mesa e perguntou: "Está tudo certo com os pratos?". Sua resposta provavelmente foi: "Tudo certo". Essa resposta não dá nenhuma informação aos gerentes de restaurante, não sei por que perder tempo perguntando. A melhor pergunta seria: "Com licença, sou o gerente do restaurante. Gostaria de saber se posso fazer uma pergunta. Existe alguma coisa diferente que poderíamos ter feito hoje para tornar sua experiência melhor?". Essa pergunta faz um convite a uma resposta. Se eles responderem "Não", você pode insistir dizendo: "Tem certeza?".

Você precisa ser criativo para descobrir o que os clientes querem. E, quando eles lhe disserem, você precisa ouvir sem ficar na defensiva. Um dos motivos que faz que as pessoas fiquem nervosas ao ouvirem os clientes é que elas acham que sempre terão de fazer o que eles querem. Elas não entendem que ouvir tem duas etapas. A primeira é "procurar entender

MANIA DE CLIENTE!

primeiro", como diz o autor Steve Covey. Em outras palavras, ouça para poder entender. Tente dizer algo como: "Interessante, você poderia ser mais específico?".

A segunda etapa é decidir se você quer tomar alguma providência sobre o que ouviu. Isso deve ser separado da etapa de entender o que foi dito. E não significa que você precisa decidir logo depois de entender o que a pessoa está sugerindo. Você pode decidir depois, quando tiver tido tempo de pensar ou de falar a respeito com outras pessoas. Perceber que há tempo para pensar a respeito deixará você menos na defensiva e o fará prestar mais atenção no que está ouvindo. Depois de ouvir para entender, aí sim você pode decidir o que fará a respeito do que ouviu.

Recentemente, no *shopping*, vi um exemplo de escuta defensiva. Eu estava andando atrás de uma mulher que tinha um filho de 8 ou 9 anos. Quando eles passaram pela loja de produtos esportivos, o garoto olhou e viu uma linda bicicleta vermelha do lado de fora da loja. Ele parou e disse para a mãe: "Nossa, eu queria uma bicicleta assim". Sua mãe quase enlouqueceu e começou a gritar: "Não acredito! Você acabou de ganhar uma bicicleta no Natal! Estamos em março e você já quer outra! Não vou dar mais @#$% nenhuma!". Achei que ela fosse matar o garoto. Infelizmente, ela não entendeu a necessidade de separar o ouvir para entender do decidir. Se ela tivesse dito ao garoto: "Querido, o que você gosta nessa bicicleta?", ele poderia ter respondido: "Está vendo aquelas fitas penduradas no guidão? Acho muito legal". E aquelas fitas poderiam ter se transformado em um presente de aniversário barato. Depois de ouvir o que ele tinha gostado na bicicleta, a mãe poderia ter dito: "Querido, por que você acha que eu não posso comprar uma bicicleta nova?". O garoto não é burro, e aposto que teria dito: "Porque acabei de ganhar uma no Natal".

Ouvir sem ficar na defensiva também pode ser útil quando acontece algum problema com seus clientes. Justificar um erro só vai irritá-los. Quando eles estão chateados, tudo o que querem é ser ouvidos. De fato, as pesquisas mostram que, se você ouve a reclamação de um cliente de um modo não defensivo e atento e pergunta: "Existe alguma coisa que eu possa fazer para que você continue sendo nosso cliente?", a chance de a resposta ser "Você já fez, você me ouviu" é de 8 em 10.

Se o seu cliente dá uma boa sugestão ou está chateado com algo que faça sentido mudar, você pode incluir essa sugestão na imagem daquilo que deseja para o atendimento ao cliente. Por exemplo, recentemente recebi uma carta de um homem que tem três restaurantes de serviço rápido no centro oeste. Alguns dos clientes idosos sugeriram que em determinadas horas do dia ele colocasse toalhas nas mesas, tirasse o pedido e servisse a refeição onde estavam sentados. Depois de pensar um pouco, ele percebeu que era uma ótima ideia. Agora, entre 3 e 5 da tarde, as mesas têm toalhas e velas e os atendentes saem do balcão para servir. Os idosos têm aparecido no restaurante durante essas horas.

Quando você juntar o que quer oferecer a seus clientes com aquilo que eles querem, terá uma imagem bem mais completa do tipo de experiência de serviço ao cliente que deseja colocar em ação.

VIVENCIANDO A VISÃO DE ATENDIMENTO AO CLIENTE

Agora que você tem uma imagem clara da experiência que quer oferecer a seus clientes e que poderá satisfazê-los, encantá-los e fazê-los sorrir, é preciso descobrir como estimular seus funcionários sobre essa visão que deseja colocar em prática.

Como enfatizei no capítulo 3, Mire no Objetivo Certo, definir a visão e a direção é uma responsabilidade que cabe aos altos executivos da empresa, e isso inclui também a visão de atendimento ao cliente. Assim que a visão for definida e todos estiverem comprometidos com ela, começa a fase de implementação.

A implementação nada mais é do que dar condições para que todas as pessoas da organização possam agir como donos da visão e da direção. É durante a implementação que muitas empresas têm problemas. A pirâmide tradicional se mantém firme e forte, deixando os clientes abandonados na base da hierarquia. Toda a energia é direcionada para a parte de cima da pirâmide, com as pessoas tentando agradar e impressionar seus chefes. As regras burocráticas, as políticas e os procedimentos consomem o dia. Isso faz que as pessoas despreparadas e sem comprometimento que estão na linha de frente com o cliente pareçam patinhos sem rumo.

Wayne Dyer, um excelente *coach* de desenvolvimento pessoal, disse há alguns anos que existem dois tipos de pessoas na vida: patos e águias. Os patos agem como vítimas e ficam andando por aí fazendo quá, quá, quá! As águias, por outro lado, tomam a iniciativa e voam alto sobre a multidão. Como cliente, é fácil identificar uma empresa burocrática. Se você diz que tem um problema e se depara com um pato que faz quá, você ouve: "É a política interna. Eu não faço as regras, só trabalho aqui. Quer falar com o supervisor? Quá! Quá! Quá!".

Vou dar um exemplo. Sou curador emérito na Universidade de Cornell. Algum tempo atrás, eu estava coordenando uma reunião em Ithaca, Nova Iorque, uma pequena cidade no norte do estado onde a universidade está localizada. Eu queria

Segundo passo: Trate seus clientes corretamente

alugar um carro que eu pudesse deixar em Syracuse, que ficava a cerca de uma hora e meia dali. Provavelmente você já viajou o suficiente para saber que, se você deixa um carro em um lugar diferente de onde o alugou, precisa pagar uma taxa alta por isso. Você pode ser isento dessa taxa se eles tiverem um carro que tenha vindo daquela mesma cidade para onde você está indo. Então, perguntei à atendente: "Você tem um carro vindo de Syracuse?".

Ela disse: "Você está com sorte, por acaso tenho". Foi para o computador e preparou meu contrato.

Não sou uma pessoa particularmente detalhista, mas estava assinando o contrato e li de canto de olho uma taxa de devolução de US$ 75. Então perguntei: "O que é essa taxa de devolução de US$ 75?".

Ela respondeu: "Não fui eu que coloquei. Quá! Quá!".

Eu perguntei: "Quem foi?".

Ela respondeu: "O computador. Quá! Quá!".

Eu fui além: "Como dizemos ao computador que isso está errado?".

Ela: "Eu não sei. Quá! Quá!".

Eu disse: "Por que você não risca aqui?".

Ela respondeu: "Não posso. O meu chefe iria me matar. Quá! Quá!".

Eu: "Você quer dizer que vou pagar US$ 75 porque você tem um chefe bravo?".

Ela: "Lembrei de uma vez – quá! quá! – que ele me deixou riscar esse valor".

Eu perguntei: "Quando?".

Ela respondeu: "Foi para um cliente que trabalhava para a Cornell. Quá! Quá!'.

Eu disse: "Que ótimo! Sou do Conselho de curadores da Cornell!".

Ela perguntou: "O que o Conselho faz? Quá! Quá!".

Eu: "Nós podemos demitir o presidente".

Ela: "Qual seu número de funcionário? Quá! Quá!".

Eu respondi: "Eu não tenho".

Ela perguntou: "O que eu faço? Quá! Quá!".

Levei vinte minutos usando de psicologia para conseguir me livrar da taxa de devolução. Eu costumava me irritar com esse pessoal de atendimento, mas agora não me irrito mais. Por quê? Porque, na verdade, não é culpa deles. Para quem você acha que essa mulher trabalhava: para um pato ou uma águia? Obviamente para um pato. Se trabalhasse para uma águia, a águia teria comido o pato. Chamamos o pato supervisor de pato chefe, porque eles só fazem quá, quá em níveis mais altos. Eles dizem as regras e leis que se aplicam a cada situação. Para quem você acha que o pato supervisor trabalha? Para outro pato, que trabalha para quem? Para outro pato, que trabalha para quem? Para outro pato. E quem se senta no topo da organização? Um grande e poderoso pato. Alguma vez você já foi atingido por cocô de águia? Claro que não, porque elas voam alto, acima da multidão. É o pato que faz toda a confusão.

Como você cria uma organização na qual os patos são capturados e as águias podem voar? A pirâmide hierárquica tradicional precisa ser invertida, assim as pessoas da linha de frente que estão mais próximas dos clientes ficarão no topo. Lá elas poderão estar no comando – ser capazes de responder a seus clientes. Nesse cenário, os líderes atendem e se dedicam às necessidades das pessoas, treinando e desenvolvendo seu time para voarem como águias, atingirem seus objetivos e atuarem de acordo com a visão de atendimento ao cliente definida pela empresa.

Segundo passo: Trate seus clientes corretamente

Se os líderes de uma organização não atenderem às necessidades e aos desejos de seus funcionários, essas pessoas não vão cuidar de seus clientes. Mas, quando as pessoas da linha de frente com o cliente forem tratadas como donas e responsáveis pela visão da empresa, elas poderão voar como águias e criar fãs incondicionais, em vez de ficarem andando como patos sem rumo.

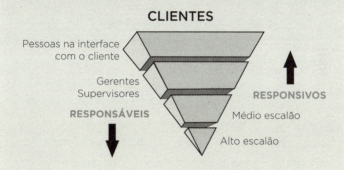

Implementação do papel de liderança

Deixando as pessoas voarem alto. Um amigo meu teve uma experiência com uma águia certa vez, quando foi comprar um perfume para a esposa na Nordstrom's. A atendente disse: "Sinto muito, não vendemos esse perfume na nossa loja, mas eu sei onde vendem aqui no *shopping*. Quanto tempo o senhor vai ficar por aqui?".

"Cerca de trinta minutos", ele respondeu.

"Sem problema, eu vou comprar, trago para cá, embrulho para presente e deixo pronto para quando o senhor estiver saindo." Essa mulher literalmente saiu da Nordstrom's, foi até a outra loja, comprou o perfume que ele queria, voltou

MANIA DE CLIENTE!

e embrulhou para presente. Sabe o que ela cobrou por isso? O mesmo preço que ele pagou na outra loja. Portanto, eles não lucraram nada, mas o que ela conseguiu? Um fã incondicional.

Tenho um ótimo exemplo do tipo de experiência que você pode ter, dependendo de a empresa ser uma lagoa de patos ou daquelas que permitem que as pessoas voem alto como águias. Algum tempo atrás, eu estava indo para o aeroporto para iniciar uma viagem de uma semana a quatro destinos diferentes. Quando estava chegando ao aeroporto, percebi que tinha esquecido minha carteira de motorista e que também não estava com meu passaporte. Como eu não tinha tempo de voltar em casa para pegar os documentos e conseguir embarcar, precisei ser criativo.

Só um dos meus livros tem minha foto na capa, o *Everyone's a Coach*, que escrevi com Don Shula. Então cheguei ao aeroporto, corri até uma livraria e, por sorte, eles tinham o livro. Felizmente, a primeira companhia aérea pela que eu voaria era a Southwest Airlines. Eu estava verificando a minha maleta na entrada do *check-in*, quando o atendente pediu meu documento. Eu disse: "Estou chateado, não trouxe minha carteira de motorista nem o passaporte. Mas isto serve?". E mostrei a ele a capa do livro. Ele gritou: "O cara conhece o Shula! Coloque-o na primeira classe!" (É claro que a Southwest não tem primeira classe.) Todos na fila do *check-in* começaram a me cumprimentar. Eu parecia um herói. Então, uma das pessoas que despacham as malas disse: "Eu posso acompanhar você até o terminal. Conheço o pessoal da segurança e acho que consigo ajudar você a entrar".

Por que isso aconteceu? Porque Herb Kelleher, que fundou a Southwest, não queria apenas oferecer o menor preço do mercado, mas também o melhor serviço possível a seus clientes. Ele fez uma empresa que dá a todos – começando pelo pessoal que

Segundo passo: Trate seus clientes corretamente

despacha a bagagem – o poder de tomarem decisões, utilizarem o raciocínio e serem Cliente Maníacos, para poderem criar fãs incondicionais. Kelleher, já falecido, que ao se aposentar passou a presidência para sua antiga assistente executiva, Colleen Barrett, acreditava que as políticas da empresa deveriam ser seguidas por pessoas que tivessem a capacidade de interpretá-las. Por que pedem documento no aeroporto? Para confirmarem se a pessoa que está embarcando no avião é a mesma que comprou o bilhete. Foi uma decisão fácil para o atendente da Southwest Airlines.

A lagoa de patos. A próxima companhia aérea pela qual precisei voar antes que o meu escritório conseguisse me mandar meu documento foi uma que estava com problemas financeiros. O atendente de bagagem no *check-in* me olhou e disse: "Você deve estar brincando. Melhor você ir até o balcão de vendas".

Quando mostrei meu livro à mulher no balcão de vendas, ela disse: "Você terá de falar com o meu supervisor". Eu estava subindo rápido na hierarquia. Eu pensei: *Logo, logo devo estar falando com o prefeito e depois com o governador Arnold Schwarzenegger.* Quá! Quá! Quá! Na companhia aérea que estava enfrentando problemas, a hierarquia se mantinha firme e forte. Toda a energia estava sendo desviada do atendimento ao cliente para os níveis hierárquicos – seguindo literalmente as regras, políticas e procedimentos.

Dando asas aos seus colaboradores. Horst Schulze foi um dos fundadores dos hotéis Hitz-Carlton. Durante sua gestão, depois de um treinamento ostensivo e do devido *coaching*, cada funcionário recebia uma verba livre de US$ 2 mil, que poderia ser utilizada para resolver o problema de um cliente sem a necessidade de autorização prévia. Ele adorava ouvir histórias de pessoas que haviam utilizado essa liberdade de ação para fazer a diferença.

Uma das minhas histórias favoritas é a de um executivo que estava hospedado em um dos hotéis da rede em Atlanta. Naquele dia, ele precisava voar de Atlanta para Los Angeles, e depois de Los Angeles para o Havaí, porque, no dia seguinte, às 13h, ele faria uma apresentação importante para o grupo internacional em que trabalhava. O executivo estava um pouco atrapalhado ao deixar o hotel, e no caminho para o aeroporto percebeu que havia esquecido o *laptop* que continha a apresentação de PowerPoint que ele iria utilizar. Ele tentou mudar o voo, mas não conseguiu. Então, ligou para o Ritz-Carlton e disse: "Este era o quarto em que eu estava e este é o lugar onde deixei meu *laptop*. Peça para o pessoal do Serviço de Quarto enviá-lo por um serviço de entrega rápida. Preciso da garantia de entrega até amanhã cedo, às 10h, porque vou usá-lo em uma apresentação às 13h".

No dia seguinte, Schulze estava andando pelo hotel, como era de costume. Quando chegou ao setor de Serviço de Quarto, ele perguntou: "Onde está Maria?". Seus colegas responderam: "Ela está no Havaí". Horst disse: "Havaí? O que ela está fazendo no Havaí?".

Então contaram a ele: "Um hóspede deixou o *laptop* no quarto e precisava dele para uma apresentação hoje, às 13h. Maria não confia mais nos serviços de entrega rápida". Você pode até pensar que Maria aproveitou para tirar umas férias, mas ela retornou no voo seguinte. E o que estava esperando por ela na volta? Uma carta de recomendação de Horst e muitos cumprimentos pelo hotel. Isso realmente é empoderar as pessoas e dar a elas asas para voar. Você até pode duvidar:

Segundo passo: Trate seus clientes corretamente

"Blanchard, essa história realmente aconteceu?". A resposta é sim, mas vou dizer uma coisa que é importante lembrar. Se você criar um ambiente no qual os clientes são prioridade e seus funcionários têm autonomia para atender suas necessidades, histórias como esta se tornarão comuns e até célebres. Cada pessoa que conta uma história como esta – incluindo os clientes – acrescenta algo ao relato.

SEGUNDO PASSO

TRATE SEUS CLIENTES CORRETAMENTE

PRINCIPAIS CONCEITOS

Se você quer criar fãs incondicionais — clientes que enalteçam a maneira como foram tratados pela sua empresa —, você precisa:

- Determinar que tipo de experiência deseja que eles tenham;

- Ouvir o que os clientes querem e decidir se faz sentido incluir essas sugestões em sua visão;

- Implementar sua visão de atendimento ao cliente invertendo a pirâmide hierárquica tradicional para que as pessoas que estão na linha de frente com o cliente apareçam no topo, prontas para voar alto como águias e servir.

Segundo passo: Trate seus clientes corretamente

A REALIDADE DA YUM!
CRIANDO A MANIA DE CLIENTE

Como a Yum! consegue colocar em prática sua missão de criar a cultura de Mania de Cliente desde Louisville a Cingapura? Transformando todo mundo em Cliente Maníacos – pessoas apaixonadas pela ideia de ir além das expectativas do cliente. Quanto mais falávamos com as pessoas na Yum!, mais sentíamos que a Mania de Cliente estava de fato começando a ser uma paixão compartilhada por todos.

Mania de Cliente

Não apenas ouvimos e respondemos ao que nossos clientes nos pedem; somos obcecados em ir além e fazer nossos clientes felizes.

O presidente e COO de multimarcas, Aylwin Lewis, diz: "É um chamado. Se você não for um apaixonado por servir comida a muita gente e colocar um sorriso de satisfação no rosto deles, melhor desistir. Os líderes são os guardiões da porta. É preciso começar pelos líderes primeiro, e isso é o que decide quem você contrata e quem promove. Você não pode ser promovido se não demonstrar que é um Cliente Maníaco, qual seu mérito pessoal e como você vivencia os princípios do Como Trabalhamos Juntos".

COMO CRIAR CLIENTE MANÍACOS?

Os Cliente Maníacos têm um intenso entusiasmo em servir e prazer em fazer os clientes felizes. A Mania de Cliente começa pelos líderes; é uma extensão natural do efeito cascata da Yum!

MANIA DE CLIENTE!

Desde o início – desde o topo – os valores do Como Trabalhamos Juntos são rigorosamente distribuídos em cascata na organização. A Mania de Cliente é esse efeito cascata estendido aos clientes.

O presidente e CCO da Taco Bell, Emil Brolick, diz: "A lógica é: Se os funcionários dos restaurantes recebem treinamento e *coaching* para trabalhar suas habilidades, além de apoio e reconhecimento quando obtêm um bom desempenho, eles se desenvolvem e se sentem muito mais satisfeitos. Então, podem se tornar Cliente Maníacos de alto desempenho que dão uma atenção fantástica aos clientes. Se você tiver Cliente Maníacos, as vendas e os lucros crescerão. É uma espiral ascendente: se você quer que os clientes tenham vínculo emocional com a empresa, você precisa investir nas pessoas que os atendem".

OUVINDO OS CLIENTES

A Yum! Restaurants International encomendou uma grande pesquisa para identificar o que os clientes queriam. O resultado foi o CHAMPS, um acrônimo das coisas que foram identificadas como importantes do ponto de vista dos clientes:

C Cuidado com a limpeza
H Hospitalidade
A Acurácia
M Manutenção (de equipamentos e instalações)
P Produto de qualidade
S Serviço com rapidez

Depois de descobrir o que os clientes queriam, a empresa decidiu que isso seria uma parte importante da sua visão.

A qualquer restaurante da Yum! que você vá, todos sabem o que CHAMPS significa.

EMPODERANDO AS PESSOAS DA LINHA DE FRENTE: A CHAVE PARA QUE SUA VISÃO GANHE VIDA

Sabemos que CHAMPS é uma coisa, mas entregar um serviço de excelência em cada uma dessas áreas é outra. Para isso, é necessário empoderar as pessoas da linha de frente. A Yum! é um exemplo de como inverter a pirâmide hierárquica tradicional para que os colaboradores que estão na linha de frente com o cliente permaneçam no topo. Eles sabem que só assim é possível aplicar a Mania de Cliente de forma sistemática.

Essa filosofia de empoderamento reflete em tudo na Yum!, especialmente nos cargos. A pessoa responsável por um grupo de cinco ou seis lojas não é chamada de gerente regional, mas de *coach* de área. Aquele que é responsável por uma região de 300 ou 400 restaurantes não é um vice-presidente regional, e sim um *coach* regional. Entre o *coach* regional e o *coach* de área, existe o *coach* de mercado. A Corporação não é chamada de Corporação, mas de CAR – Centro de Apoio ao Restaurante. A linguagem é um veículo importante da cultura; ela engloba os valores da organização. Por exemplo, em uma ilha isolada do Pacífico, não existe a palavra "roubo". Na Yum! não existe uma palavra para os "subordinados" nem lugar para os "chefes". Em relação à Mania de Cliente, os colaboradores é que são os responsáveis por colocá-la em prática, enquanto os líderes estão ali para atender suas necessidades, dando apoio,

MANIA DE CLIENTE!

treinamento e incentivo. Essa é a chave para empoderar o pessoal da linha de frente.

Agora, uma parte significativa do treinamento sobre a Mania de Cliente foca em resolver os problemas. Se um atendente ou balconista tem um problema com um cliente, ele é incentivado a resolver na hora em vez de falar com o gerente. De fato, os funcionários podem decidir como resolver os problemas, e podem fazê-lo à sua maneira. Parece meio maluco, mas é assim que a Yum! gosta que seja feito.

Quando fiz uma apresentação em uma reunião da KFC há alguns anos, contei a história sobre a verba livre de US$ 2 mil que o pessoal que lida com os hóspedes do Ritz-Carlton pode usar para resolver problemas sem pedir autorização a ninguém. David Novak, que é uma pessoa aberta a aprender coisas novas, amou a ideia. Ele nos contou um tempo depois: "Agora, nossa cultura Mania de Cliente permite que os funcionários resolvam na hora as reclamações dos clientes. Antes, precisavam chamar o gerente regional. Agora, eles podem utilizar até US$ 10 para resolver algum problema".

"Algumas pessoas disseram: 'Se deixarmos os funcionários fazerem isso, vamos acabar falindo, porque eles vão acabar com o nosso lucro'. Mesmo assim, tivemos a maior margem de lucro na história da empresa desde que lançamos a Mania de Cliente. Ou seja, eles não estão lá nos enganando. Aquele 0,5% ou 1% das pessoas que fariam isso antes, provavelmente continuam fazendo. Porém, essa política teve enorme impacto nos nossos funcionários. Eles se sentem responsáveis e empoderados; consequentemente, nossos clientes têm uma percepção muito melhor do nosso atendimento".

Uma verba livre de US$ 10 em um restaurante de atendimento rápido é muito dinheiro, assim como no Ritz-Carlton, que é uma operação muito mais sofisticada, US$ 2 mil é muito dinheiro. A questão é que uma verba para despesas discricionárias se torna uma vantagem competitiva quando as pessoas mais próximas aos clientes se sentem no controle da situação e livres para tomar decisões que resolvam os problemas.

INDO ALÉM DAS EXPECTATIVAS DOS CLIENTES COM UMA ATITUDE POSITIVA

Inicialmente, quando a Pizza Hut – uma empresa que era dirigida muito mais como a American Airlines do que como a Southwest Airlines – soube do plano para empoderar os funcionários a dar *pizzas* gratuitas ou reembolsar o dinheiro de um cliente sem nenhuma fiscalização ou avaliação prévia, eles ficaram horrorizados. Porém, tudo isso mudou.

David pediu para seus líderes lerem o livro *Built from Scratch* [Começando do zero], sobre a loja Home Depot. Ken Langone, que foi um grande parceiro na criação da Home Depot e que faz parte do conselho da Yum!, estava sempre falando sobre a excelente cultura que eles tinham na Home Depot. O livro *Built from Scratch* tem várias histórias sobre as coisas incríveis que a Home Depot faz para os clientes. Jerry Buss, COO da Pizza Hut, disse: "Sabe de uma coisa? Aposto que temos muitas histórias na Pizza Hut como as da Home Depot, ou até mais, já que existimos há mais tempo e temos mais lojas do que eles".

Foi decidido que toda reunião começaria com alguém contando uma história Mania de Cliente. Várias histórias começaram a ser coletadas sobre funcionários fazendo todo tipo de coisa, como tirar uma pessoa de dentro de um caminhão tombado, ajudar um cliente que trancou a chave dentro do carro ou simplesmente fazer algo bacana ao atender os clientes. O sistema criado para solicitar o envio de histórias especiais fez tanto sucesso, que precisaram de um Departamento de Avaliação. Christine Postolos, diretora de comunicação e avaliação da Pizza Hut, juntou todas essas histórias inspiradoras num livro e presenteou a todos. Até o momento já foram distribuídos dois novos livros da coleção.

O conhecimento dessas histórias trouxe permissão para um novo procedimento nos restaurantes. O espírito Mania de Cliente diz que, a menos que algo coloque em risco a segurança ou a saúde de alguém, sempre que as políticas e os procedimentos da empresa conflitarem com aquilo que o cliente quer, "diga sim ao cliente", a menos que coloque em risco a segurança ou a saúde de alguém.

VENCENDO A BUROCRACIA

Algo nos ambientes burocráticos parece sugar a energia das pessoas. Quando passamos pela porta de um local de trabalho burocrático, é como se o coração parasse e o rosto empalidecesse. A Yum! luta contra isso com o poder da energia positiva.

Energia positiva

*Fazemos nosso trabalho com intensidade
e energia positiva – detestamos burocracia e todas
as coisas sem sentido relacionadas a ela.*

Segundo passo: Trate seus clientes corretamente

"A energia positiva é essencial em nosso negócio para criar Cliente Maníacos", diz David Novak. "Portanto, se você é uma daquelas pessoas que andam por aí com uma nuvem negra sobre a cabeça, você embarcou no bonde errado." Formar uma equipe de pessoas competentes e comprometidas é a maior oportunidade que a Yum! tem, assim como muitas empresas, de fazer que seus funcionários vençam a burocracia e se tornem Cliente Maníacos.

Fica claro que os líderes da empresa estão comprometidos com o valor da energia positiva. Ela ilumina toda a organização. As pessoas em todos os níveis exalam energia positiva – paixão, alegria, espírito de equipe e empolgação. De novo, o resultado que se espera com toda essa energia positiva fluindo por todos os níveis da empresa é que ela chegue até os clientes nos restaurantes. É isso o que eles querem dizer com colocar um sorriso de satisfação no rosto das pessoas.

QUADRO DE RESULTADOS DA YUM!
Trate seus clientes corretamente

Nota 6 de 10

Há vários anos, fomos à Irlanda jogar golfe e nosso grupo esteve em um *pub* irlandês onde os funcionários usavam camisetas com bumerangues estampados. Quando a garçonete veio tirar nosso pedido, perguntei: "Os bumerangues não são da Austrália? Por que vocês usam essa imagem na camiseta?".

Ela sorriu e explicou: "Quando você joga um bumerangue, o que acontece?".

Rapidamente eu respondi: "Ele volta".

"É exatamente isso o que queremos que você faça", completou ela com um brilho nos olhos.

Quando a cultura Mania de Cliente estiver firme e forte, os clientes não apenas vão querer voltar; eles se tornarão parte da equipe de vendas. Serão como fãs incondicionais, querendo enaltecer sua empresa. Isso é paixão.

No momento, daremos uma nota 6 em uma escala de 0 a 10. A Mania de Cliente se espalhou por todos os níveis gerenciais, mas, com exceção de alguns exemplos isolados, ainda não atingiu toda a organização a ponto de os clientes se surpreenderem com o serviço que recebem nos restaurantes. Esse é o maior desafio que a empresa tem pela frente. Por enquanto, eles estão no meio do

Segundo passo: Trate seus clientes corretamente

caminho do sonho de criar uma cultura Mania de Cliente aplicada em toda sua rede mundial de restaurantes. Na verdade, se olharem para suas métricas internas, verão que só 53% dos restaurantes estão obtendo 100% das notas do CHAMPS, o que significa que só metade dos clientes afirmam ter suas expectativas alcançadas. Como o presidente e diretor de multimarcas, Aylwin Lewis, diz: "Se estivermos falhando em qualquer uma das letras do CHAMPS, estaremos decepcionando nossos clientes em vez de aplicar a Mania de Cliente em cada detalhe."

CAPÍTULO 5

Terceiro passo

Trate seus funcionários corretamente

O terceiro passo para construir uma empresa da forma correta diz respeito aos funcionários. Todos sabem que as pessoas são o ativo mais importante; mesmo assim, muitas empresas não têm funcionários empolgados – pessoas que têm orgulho de onde trabalham.

O IDEAL DE BLANCHARD

Líderes que enfatizam o julgamento, a crítica e a avaliação são coisas do passado. Atualmente, para fazer uma gestão eficiente, é preciso tratar as pessoas da forma correta, dando o apoio e o incentivo de que precisam para fazerem seu trabalho da melhor maneira possível. Quando você trata as pessoas como vencedoras, elas tratam os clientes como se fossem as pessoas mais importantes do mundo. E isso cria fãs incondicionais que enchem sua caixa registradora.

Como você cria Cliente Maníacos dispostos a ir além das expectativas para criar fãs incondicionais? Você precisa organizar e integrar as quatro funções principais de Recursos Humanos:

1. Recrutamento e Seleção;
2. Treinamento e Desenvolvimento;

3. Gestão de Desempenho;
4. Desenvolvimento de Carreira.

Na maioria das empresas, equipes diferentes cuidam de cada uma dessas funções e não se apoiam umas às outras. Entretanto, nas melhores organizações do mundo, além de essas áreas serem bem integradas com a visão e a direção, a Gestão de Desempenho ganha maior relevância. Por quê?

Quando Spencer Johnson e eu escrevemos *O gerente-minuto*, tínhamos um ditado:

Pessoas que se sentem bem consigo mesmas produzem bons resultados.

Isso é uma verdade. As pessoas que se sentem bem consigo mesmas trabalham mais. Depois que o livro foi publicado, porém, achei que talvez tivesse caído na velha armadilha de recursos humanos. Você não pode sair por aí tentando fazer as pessoas se sentirem bem no vazio. Por isso, quando escrevi *O gerente--minuto em ação* com Bob Lorber, mudamos o ditado para:

Pessoas que produzem bons resultados se sentem bem consigo mesmas.

A maneira certa de tratar seus funcionários e de fazer que eles se sintam bem consigo mesmos é ajudá-los a atingir suas metas. Isso requer um bom sistema de Gestão de Desempenho.

A seguir veremos cada uma das quatro funções do departamento de recursos humanos. Quando chegarmos à Gestão de Desempenho, teremos dois itens adicionais: um sobre sistemas e processos, e outro sobre o desenvolvimento de uma

Terceiro passo: Trate seus funcionários corretamente

cultura de reconhecimento. Sem esses dois elementos, a Gestão de Desempenho nunca vai funcionar.

TENHA AS PESSOAS CERTAS NA EQUIPE: RECRUTAMENTO E SELEÇÃO

O IDEAL DE BLANCHARD

O primeiro passo para ter funcionários que se dediquem a criar fãs incondicionais é recrutar e selecionar as pessoas certas para sua equipe. Isso significa considerar tanto a competência quanto o caráter. Quando falamos em competência, você deve avaliar se as pessoas têm as habilidades e a experiência para fazerem o trabalho que você quer que elas façam. Se não têm, então você contrata pelo potencial, acreditando que, com o treinamento e o desenvolvimento apropriados, elas serão capazes de aprender a fazer bem aquele trabalho.

Em relação ao caráter, você procura pessoas que sejam boas cidadãs e se identifiquem com sua visão e seus valores. Minha esposa, Margie, diz que liderar é amar: "Não é sobre o amor; é o amor *em si* – o amor por sua visão e seus valores, o amor por si mesmo, o amor pelos clientes e pelas pessoas". Portanto, quando você procura por pessoas de caráter, primeiro quer que elas amem o que você faz e o que você defende – sua visão. Em termos de amor-próprio, você quer pessoas que amem a si mesmas com humildade; em outras palavras, busca pessoas autoconfiantes, mas que não pensem que são o centro do universo. Essas pessoas estão mais interessadas em servir aos outros do que em ser servidas. Quando falamos sobre o amor pelos clientes e pelas pessoas, estamos falando sobre contratar gente que goste de gente; esse é o tipo de pessoa que você quer. Essas pessoas serão ótimas colegas de trabalho, ficarão felizes em atender os clientes, os fornecedores e as pessoas com quem interagirem na empresa.

Se tiver de escolher entre contratar por competência ou por caráter, minha experiência diz: Contrate por caráter em princípio, e treine a competência. Todas as vezes que erramos no passado ao contratar uma pessoa, percebemos que faltou nela amor ou paixão em uma ou duas dessas áreas. É difícil, se não impossível, treinar o caráter das pessoas. Por isso, sabemos que você deve contratar as pessoas certas para sua equipe, não só para que elas estejam alinhadas com os resultados esperados, mas também com a maneira como quer que elas se comportem.

A REALIDADE DA YUM!
RECRUTAMENTO E SELEÇÃO

Muitas empresas deixam o processo de seleção ao acaso. Dizem: "Contrate gente boa", mas não definem um processo em que isso aconteça. Muitas nem explicitam claramente o que estão buscando. Na Yum! o processo de contratação é tudo menos *laissez faire*. Dan Adams, vice-presidente de recursos humanos da Yum! Restaurants International, diz: "No meu modo de ver, de todos os fatores para se obter competência, a seleção é o mais importante".

A BUSCA POR VALORES COMUNS

Gregg Dedrick conta: "Quando formamos a Tricon, tínhamos várias posições corporativas abertas e não possuíamos nem um escritório. Nossa estratégia foi estar abertos e expor nossos

Terceiro passo: Trate seus funcionários corretamente

valores às pessoas. Dissemos: 'Essa é a nossa cultura; se ela empolga você, podemos conversar. Mas, se você não se identifica com ela ou acha que não faz sentido para você, melhor não vir, porque você não ficará feliz e não se sairá bem aqui'.

Proativamente, David autorizou a busca por pessoas com o perfil que desejávamos, que fossem apaixonadas pelo negócio de restaurantes, reconhecidas no mercado em relação aos nossos valores, e que realmente pudessem nos ajudar a estruturar a empresa. Jonathan Blum, nosso relações públicas, conseguiu que publicassem alguns artigos e começamos a fazer a divulgação.

Mesmo nesses artigos iniciais já estávamos comunicando a base dos nossos valores. Conseguimos algumas matérias em jornais comerciais, e isso nos ajudou a atrair a atenção das pessoas. Algumas telefonavam e diziam que tinham ficado empolgadas ao lerem o artigo e que adorariam conversar conosco. Jonathan realmente conseguiu um bom resultado comunicando nosso posicionamento ao mercado quando estávamos no início da empresa. Não queríamos nos enaltecer – até porque não tínhamos nenhum número ainda para isso. Só queríamos nos apresentar dizendo quem éramos e o que estávamos tentando fazer. Dizíamos: 'Temos uma história única no mercado e queremos que as pessoas e os investidores acreditem nela'."

CONTRATANDO AS PESSOAS CERTAS PARA OS RESTAURANTES

Roger Karolick, franqueado da Pizza Hut, descreve como ele vem implementando uma nova maneira de contratar as pessoas certas para trabalhar na linha de frente dos restaurantes:

MANIA DE CLIENTE!

"Da maneira como nossa indústria funciona, muita gente acha que, com uma rotatividade de 200%, você contrata o primeiro que bater à sua porta. Se você acredita que não tem tempo para treinar bem as pessoas, quando aparece um candidato com dois braços e duas pernas, você o contrata, o coloca para trabalhar e espera que dê certo. A maioria vai embora dentro dos primeiros noventa dias, portanto a rotatividade não cessa.

A Yum! introduziu o que eles chamam de "prévia realista do trabalho". Antes de tomar a decisão final sobre a contratação de uma pessoa, você a chama, anda com ela pelo restaurante, conversa um pouco e a deixa observar o que acontece no local. Você tenta observá-la enquanto ela olha o que está acontecendo por lá, analisa se ela gosta daquilo que vê e faz algumas perguntas. Essa é apenas mais uma forma de tentar ler o que se passa na cabeça da pessoa e de determinar se ela vai se encaixar no seu time. A prévia realista do trabalho produziu um impacto real na rotatividade.

Junto com a ficha, o candidato precisa preencher o que chamamos de Inventário de Iniciativa do Funcionário (IIF), um instrumento que a Pizza Hut desenvolveu para avaliar o tipo de pessoa que trabalha melhor no setor de hospitalidade. Nas reuniões anuais dos gerentes-gerais de restaurante abrimos um fórum com os melhores gerentes. Escolhemos um assunto e eles discutem o que fazem para alcançar bons resultados em determinada área. Recentemente, abrimos um fórum sobre rotatividade, e uma das questões levantadas foi como eles estavam fazendo a contratação de pessoal. Todos estavam utilizando o IIF no processo de seleção. Esses eram os gerentes que tinham uma rotatividade bem baixa e que também utilizavam a técnica da prévia realista de trabalho."

SELEÇÃO RIGOROSA

Amanda Huntley, gerente-geral de restaurante da Pizza Hut no Reino Unido, diz que a baixa rotatividade é resultado direto da sua dedicação a um processo rigoroso para a contratação das pessoas certas. "Antes, era uma questão de anunciar a vaga e contratar os primeiros vinte candidatos que aparecessem. Não é mais assim que faço agora. Minha rotatividade está em 40% e é nesse nível que eu quero que fique. Quero pessoas motivadas, e tudo começa com o que eu chamo de palco da entrevista. Eu não diria que eles precisam fazer uma apresentação formal, mas precisam demonstrar personalidade e carisma.

"Nas entrevistas, pedimos que os candidatos encenem como se comportariam em determinadas situações. Você consegue captar muitas coisas quando coloca as pessoas em situações assim. Também perguntamos aos candidatos como eles se comportariam sob pressão ou diante de situações desafiadoras. Eles fariam apenas o básico, aquilo que é esperado (este não é o tipo de gente que quero contratar) ou dariam um passo além das expectativas dos clientes?

"Também usamos o IIF. Certa vez, no palco da entrevista, pedimos para encenarem uma pequena situação real de trabalho utilizando o IIF. Eles vestiram o uniforme, foram para o restaurante e tinham de fazer tudo igual a um funcionário durante algumas horas. Assim, pudemos avaliar como reagiam e como trabalhavam com o grupo, se iriam se encaixar à equipe, como iriam interagir com os clientes e se mostrariam iniciativa diante das situações." Amanda concluiu com entusiasmo: "Quanto mais rigorosa sou, melhores candidatos tenho. As pessoas boas adoram ser testadas".

ELIMINANDO AS PESSOAS ERRADAS

David Novak não fica parado esperando que a cultura da Yum! se crie por si mesma. Ele acredita que um líder em uma nova posição pode promover uma mudança imediata para melhor identificando e substituindo as pessoas que não deveriam estar ali – pessoas que não se alinham com a visão e a direção da empresa.

"Quando entro em uma empresa, saio à caça", diz David. "Procuro pelas presas fáceis, aquelas pessoas que precisam sair. No início, eu tinha dúvidas sobre um executivo da empresa, achava que seus valores não estavam em sintonia com a cultura.

"Um dia, nossa banda do reconhecimento – um grupo de pessoas talentosas que saem com *kazoos* e outros instrumentos, cantando e fazendo festa para homenagear as pessoas – aproximou-se de sua sala. Ele ficou todo irritado, reclamando que precisava trabalhar e aquele barulho estava atrapalhando. Eu lhe disse: 'Se você não gosta de ver uma assistente sendo reconhecida e com os olhos cheios de lágrimas, se acha que isso é bobo e falso, melhor procurar outro lugar'. Não demorou para o homem estar trabalhando em outro lugar."

Dave Deno, CFO, é um típico líder da Yum! Ele acredita mais no estilo colaborativo do que no modo autoritário para dirigir o negócio da maneira correta. O cargo de CFO exige que Dave tome muitas decisões, mas a forma como ele aproxima as pessoas faz que elas se sintam bem em estar no mesmo barco.

O desligamento das pessoas que não se enquadram é feito com muito cuidado na Yum! Dave conta: "Quando as pessoas querem sair da empresa, incentivamos que nos fale sobre isso para que possamos ajudá-las a encontrar outro lugar mais adequado, dentro ou fora da Yum! Tentamos ser humanos e demonstrar que nos preocupamos com elas. Isso nos dá muito prazer. As pessoas veem que somos diferentes, que trabalhamos juntos, mesmo que estejam saindo por decisão própria. Em última análise, sua cultura será julgada pela forma como você trata as pessoas que estão numa posição de menor poder".

O PODER DE ATRAÇÃO DA MANIA DE CLIENTE

Nem todos que saem do time permanecem fora dele. Roger Eaton, que entrou na empresa como diretor financeiro da KFC Austrália em 1990, saiu para tentar uma ótima oportunidade de se tornar CEO de uma companhia de cinema nos EUA.

"Depois de dois meses, eu sabia que havia perdido alguma coisa", Roger conta. "Eu ficava o tempo todo falando sobre a empresa fantástica onde eu tinha trabalhado."

Cinco anos depois, surgiu uma posição de diretor executivo na divisão do Pacífico Sul na Yum!, e Roger voltou correndo. "A Mania de Cliente é muito atrativa, e nós nos divertimos muito aqui. É o propósito final deste negócio que o torna tão especial. O que me fez voltar tão rápido foi que a cultura de alto desempenho da PepsiCo ainda existia. Porém, estava bem nítido agora que a cultura da Yum! era guiada pela paixão pelo setor de restaurantes e pelas pessoas fantásticas que os dirigiam. Isso era bem diferente da época da PepsiCo, em que a cultura estava restrita a apenas alguns restaurantes e era nitidamente estranha à divisão de bebidas e *snacks*."

Ele também menciona como aprecia profundamente o alinhamento da Yum! em torno de um propósito positivo. "Sou absurdamente apaixonado por esta empresa", comenta rindo.

QUADRO DE RESULTADOS DA YUM!
Recrutamento e seleção

Nota 7 de 10

Em relação à contratação, demos à Yum! a nota 7, em uma escala de 0 a 10. Eles têm uma estratégia para garantir a contratação das pessoas certas. Nos últimos seis anos, a empresa melhorou o processo de seleção, e a rotatividade dos gerentes-gerais de restaurantes caiu de 28% em 2000 para 17% em 2003; a média do setor é de 33%. A rotatividade dos funcionários caiu de 181% em 2000 para 114% em 2003; a média do setor é de 136%. Embora a Yum! seja a líder no setor, como a rotatividade continua alta, eles ainda precisam melhorar bastante.

Retenção é um trabalho contínuo. Se você não entusiasmar as pessoas durante o processo de seleção para que se sintam felizes em fazer parte da organização, a porta continuará se fechando a sua frente, com seus funcionários indo para outras companhias. Sabemos que este é um assunto prioritário para os executivos da empresa, que estabeleceram a meta agressiva de rotatividade de 50%. Nossa experiência mostra que os concorrentes não estão no mesmo nível de sofisticação no processo de recrutamento e seleção. Quanto melhores forem a seleção e a retenção de uma empresa, melhores serão os resultados.

Terceiro passo: Trate seus funcionários corretamente

DÊ ÀS PESSOAS O COMEÇO ADEQUADO: TREINAMENTO E DESENVOLVIMENTO

O IDEAL DE BLANCHARD

Assim que as pessoas começam a trabalhar, você deve dar a elas o treinamento e o desenvolvimento adequados. Obviamente, elas devem aprender as competências e habilidades necessárias para fazerem bem seu trabalho. Quanto mais experientes forem para determinada posição, de menos treinamento precisarão. Mas devemos lembrar que as funções estão mudando o tempo todo, e uma das principais características das boas organizações é estarem comprometidas com o treinamento e a educação constante de seus funcionários para que eles recebam o que há de mais atual em termos de conhecimento para realizar o trabalho.

Como mencionei previamente, é difícil treinar pessoas em relação ao caráter, portanto a questão principal aqui é como descobrir se você contratou a pessoa certa para seu time, uma vez que tomou sua decisão baseada no caráter. Uma ferramenta importante é o programa de *coaching*. Mesmo assim, muitas organizações não têm um programa desses. As pessoas chegam no primeiro dia e são postas para trabalhar. Não existe *coaching*; é acertar ou errar.

Nos parques temáticos da Disney, ninguém começa a trabalhar sem passar pelo Programa de Tradições de dois dias. Durante esses dois dias, aprendem sobre o legado de Walt Disney, sobre os quatro valores operacionais e como se espera que esses valores impactem o comportamento no trabalho. Várias pessoas que passam pelo Programa de Tradições da Disney nunca chegam a trabalhar lá. E não por uma decisão apenas da

> Disney; algumas decidem que não querem fazê-lo. É preciso encontrar uma forma de incutir sua visão – propósito, imagem de futuro, valores e principais metas – na cabeça dos novos funcionários antes que eles comecem a trabalhar.
>
> Só depois de contratar as pessoas certas em relação ao caráter e de treiná-las adequadamente, é que elas estarão prontas para trabalhar – e para contribuir com a organização.

A REALIDADE DA YUM!
TREINAMENTO E DESENVOLVIMENTO

Como a Yum! tem atuado para dar aos funcionários as ferramentas necessárias para que façam um bom trabalho? A empresa tem um programa extensivo de treinamento para divulgar seus valores e dar aos responsáveis no mundo todo o conhecimento necessário para administrarem restaurantes de sucesso.

IDENTIFICANDO E ENSINANDO
AS MELHORES PRÁTICAS

Todos amam fazer parte de uma organização inovadora e criativa. Nunca vi um grupo de altos executivos tão abertos a aprender e a usar o *benchmarking* para trazer inovações como acontece na Yum! Eles aprendem com o sucesso dos outros e dão crédito à fonte. Quando se trata de inovação, eles não são estúpidos e reconhecem que nem todas as ideias brilhantes se originam na Yum! Alguém faz uma inovação, e eles testam. Isso é muito motivador para executivos inteligentes.

Foi estudando e seguindo o caminho das melhores práticas de organizações como Walmart, Home Depot, Southwest Airlines e General Eletric que David Novak e seus cofundadores

Terceiro passo: Trate seus funcionários corretamente

criaram a base do que iria se tornar a Yum! Brands. A forma que encontraram para construir um conjunto integrado de sistemas foi fazendo *benchmarking* e conhecendo o que os melhores faziam. Muitas das maiores empresas do mercado assumem uma postura de "Você pode aprender comigo". A Yum! faz o contrário: está sempre buscando como tornar sua operação melhor aprendendo com os outros.

Gregg Dedrick comenta o seguinte sobre o programa de treinamento de líderes seniores da Yum! chamado "Levando as Pessoas com Você": "Não reinventamos a roda; descobrimos o que funciona e aplicamos no negócio. O princípio é 'Não seja orgulhoso demais para aprender e mudar'. Usamos o princípio do treinamento executivo 'Nós Aprendemos com Qualquer Pessoa'. A primeira coisa que ensinamos é como se livrar da burocracia e da mentalidade NIA (Não Inventado Aqui). Em nossos 33 mil restaurantes, as pessoas têm muitas oportunidades de realizar coisas. Tentamos aprender com elas e transferir o conhecimento para que todos possam aprender e utilizar as melhores práticas. Quando você segue o modelo de aproveitar as melhores práticas de qualquer lugar, isso encoraja o aprendizado contínuo. Falamos constantemente sobre com quem aprendemos para que as pessoas entendam que isso leva à excelência".

Fica nítido que a Yum! quer ter as melhores práticas que possam ser desenvolvidas ou, de preferência, encontradas. Por que gastar tempo com algo que você pode conseguir melhor fora e implementar a mudança muito mais rapidamente? O *slide* Aprendizado Nº 1 do programa de liderança Levando as Pessoas com Você que David Novak apresenta é um bom resumo de algumas das melhores práticas que encontramos.

O TREINAMENTO ALIMENTA A ESTRATÉGIA MANIA DE CLIENTE

Os programas Levando as Pessoas com Você e Construindo a Dinastia Yum! são direcionados aos altos executivos da empresa e aos donos de franquias e seus principais colaboradores – cerca de 600 pessoas. David apresenta pessoalmente esses dois programas de três dias cerca de quatro a cinco vezes por ano. Levando as Pessoas com Você é sobre como construir e alinhar um time baseado na visão. É muito focado nos princípios do Como Trabalhamos Juntos e no papel do líder.

Construindo a Dinastia Yum! é, em essência, uma demonstração do que é necessário para se construir uma empresa de sucesso. David e os demais fundadores fizeram *benckmarking* com quinze grandes empresas que entregam resultados positivos sustentáveis, e ainda falaram com especialistas que estudaram o assunto. Eles resumiram o aprendizado em cinco aspectos que acreditam que vão impulsionar a dinastia:

1. Uma cultura na qual todos façam a diferença;
2. Mania de Cliente e Mania de Vendas;
3. Diferenciação de marca competitiva;
4. Continuidade de pessoas e de processos;
5. Consistência nos resultados, superando a métrica de anos anteriores em cada área.

Terceiro passo: Trate seus funcionários corretamente

APRENDIZADO Nº 1

- Elimine o não inventado aqui e o vício das grandes empresas
- Elimine o orgulho e o direito de autoria
- Seja humilde e demonstre humildade publicamente
- Ouça e responda ao cliente
- Reconheça e celebre o aprendizado e a experiência dos outros
- Aprenda com a experiência das outras divisões da empresa
- Comece com suas boas práticas... e faça ainda melhor
- Você pode promover uma mudança melhor e mais rápida
- Este é o poder da Yum!

O IMPACTO DOS TREINAMENTOS AUMENTA MUITO QUANDO OS ALTOS EXECUTIVOS ESTÃO ENVOLVIDOS

Francisco Rovira, um franqueado de El Salvador que tem 35 restaurantes da Pizza Hut, conta como sua sensação de estar isolado da organização mudou quando a Yum! começou a ser formada.

"David Novak quer ter uma filosofia única. Como resultado, conseguimos entender o que estava acontecendo na empresa e nos comprometemos com a visão e com os princípios do Como Trabalhamos Juntos. Até o David começar esse trabalho,

MANIA DE CLIENTE!

estávamos totalmente por nossa conta em relação à cultura e à estratégia. Só a partir de então começamos a entender nossa própria empresa."

Rovira descobriu que a cultura que o David estava tentando introduzir dava muito apoio àquilo em que ele e seus colegas, donos de restaurantes, acreditavam. Os franqueados se beneficiaram diretamente dos programas e da estrutura que os executivos da empresa estavam oferecendo. A seguir ele nos conta sobre participar de um seminário de liderança apresentado por David:

"Foi realmente uma experiência transformadora para mim. Eu não estava acreditando que aquele homem, com tantas responsabilidades, teria tempo de passar três dias numa sala com todos nós. Lembro que o preço das ações da companhia estava caindo, e naquela semana em particular caiu significativamente, mas ele ficou lá, jantando conosco e conversando com cada um de nós. Fiquei admirado. Isso me motivou a levar para nossa organização toda aquela informação, estrutura, estratégia, e os princípios do Como Trabalhamos Juntos".

David Novak continua a dedicar uma parte significativa do seu tempo para apresentar os seminários de desenvolvimento de liderança quatro ou cinco vezes por ano pelo mundo, seja em Louisville, Hong Kong, Londres, México ou Kuwait. Essa abordagem conduzida pelos líderes é um procedimento padrão em todos os treinamentos e em todos os níveis da organização. A mensagem é: se o CEO pode dedicar três dias da sua agenda quatro ou cinco vezes por ano, os outros executivos também podem fazer o mesmo para treinar seu time.

Os resultados positivos têm sido significativos. "Da nossa perspectiva, em nosso pequeno país de El Salvador, é difícil saber o que está acontecendo", conta Rovira, "mas se funcionar

Terceiro passo: Trate seus funcionários corretamente

para o resto da organização como funcionou para nós, certamente está produzindo impacto."

A resposta de Rovira não foi diferente das que temos recebido de donos de franquias com quem conversamos dentro e fora dos EUA. Esses programas de liderança, juntamente com os valores transferidos, são uma maneira eficiente de comunicar a visão da empresa e disseminar a cultura focada no cliente, baseada em pessoas e no desempenho.

Há outros benefícios. Normalmente, o Diretor de Pessoal e outros executivos importantes participam do programa de treinamento de três dias. As pessoas da companhia têm a oportunidade de conhecer os franqueados, entender seus problemas e construir um relacionamento com eles. O fato de o programa ser baseado em melhores práticas obriga os donos das franquias a levarem o aprendizado para dentro de suas operações. Colocar todos no mesmo barco é uma paixão constante na Yum!

DESENVOLVENDO CAMPEÕES ATRAVÉS DO TREINAMENTO

O treinamento extensivo a toda estrutura dos restaurantes e aos *coaches* de área cria e reforça o conceito Mania de Cliente. O programa Desenvolvendo Campeões usa a combinação de treinamento no trabalho e em sala de aula para ensinar as habilidades de liderança e as minúcias para se administrar um restaurante. Outro programa direcionado aos líderes que tem sido administrado na área de Operações, chamado *Coaching* de Alto Impacto, gera capacitação e cria uma mentalidade de *coach*.

A Universidade Yum! foi criada com a proposta de ensinar e institucionalizar o Modelo de Dinastia. Por exemplo, a Escola

MANIA DE CLIENTE!

de Operações, que tem a duração de uma semana, ensina às equipes operacionais da empresa e das franquias tudo o que elas sempre quiseram saber sobre como administrar um restaurante de sucesso. Engloba liderança, detalhes do setor, desenvolvimento de pessoas e as melhores práticas de processos e sistemas de restaurantes da empresa. A Escola de Operações também é mais um mecanismo para manter o rigoroso equilíbrio da Yum! entre pessoas e desempenho.

A empresa formulou programas parecidos para marketing, finanças, recursos humanos, desenvolvimento e outras áreas. Essas escolas são usadas para desenvolver excelência operacional, liderança e a Mania de Cliente no mundo.

TREINANDO O PESSOAL DA LINHA DE FRENTE PARA UMA VIDA MELHOR

Há um movimento crescente na empresa para treinar as pessoas da linha de frente não apenas para realizar o trabalho, mas também para a vida, a fim de que tenham sucesso em qualquer coisa que decidam fazer. São habilidades como ouvir o cliente, ter empatia com suas necessidades, exceder as expectativas dentro do razoável e superar um erro pessoal. A empresa incentiva os funcionários a resolver as questões dos clientes na hora, sem precisar chamar o gerente do restaurante. Com esse padrão, acredita-se que, com o passar do tempo, eles poderão oferecer o melhor serviço do setor.

QUADRO DE RESULTADOS DA YUM!
Treinamento e desenvolvimento

Nota 7 de 10

A Yum! está focada no treinamento e na educação de dois grupos de pessoas: os gerentes e os colaboradores da linha de frente. A empresa está fazendo um grande esforço para treinar seus gerentes, com David Novak e os principais executivos dispostos a ir a campo para apresentar seus pontos de vista sobre liderança. Demos nota 8 nesse quesito, numa escala de 0 a 10. Em relação ao treinamento do pessoal da linha frente, eles estão apenas começando a perceber a importância de treinar suas habilidades não apenas para o trabalho, mas também para a vida e em relação a valores. Demos nota 6 no momento, mas vemos essa nota subindo em breve, à medida que o treinamento se tornar uma estratégia ampla para a retenção de pessoal. Prevemos que, no futuro, as pessoas perceberão que, independentemente do tempo que fiquem na empresa, elas sairão de lá melhores. A esperança é que elas fiquem por mais e mais tempo ao verem outros exemplos de carreiras como as de Jane e Mario. (Para os alunos de matemática, a média entre 6 e 8 é igual a 7.)

DÊ ÀS PESSOAS A AJUDA ADEQUADA: GESTÃO DE DESEMPENHO

Depois de contratar as pessoas certas e de treiná-las adequadamente, a gestão de desempenho é a ferramenta-chave para mantê-las focadas e ajudá-las a atingir suas metas. Para que elas possam ir além das expectativas e se tornar Cliente Maníacas, você deve saber a maneira correta de fazer a gestão de desempenho.

O IDEAL DE BLANCHARD

Você tem três opções quando contrata pessoas. A primeira é contratar alguém que já tenha experiência na função. Você só precisa deixar claro quais são suas metas e objetivos, e então pode deixá-la trabalhar. A segunda opção é contratar um vencedor potencial. Essa é a pessoa que poderá alcançar um ótimo desempenho com o treinamento e o *coaching* apropriados. A terceira opção é rezar. Infelizmente, muitas empresas contratam pessoas, dão um treinamento qualquer e rezam para que elas tenham um bom desempenho. As organizações de sucesso não escolhem a última opção porque têm um sistema de gestão de desempenho bem estruturado.

A gestão de desempenho tem três aspectos. O primeiro é o *planejamento do desempenho*. Depois de deixar claro qual é a sua visão e direção, é nessa etapa que você estabelece as metas e objetivos a serem alcançados. Durante o planejamento do desempenho, pode-se colocar em prática o sistema de hierarquia tradicional, porque, se houver algum ponto discordante entre o gerente e seus funcionários diretos a respeito das metas, quem leva vantagem? O gerente, porque ele é o responsável pelas metas e pelos objetivos da organização.

Terceiro passo: Trate seus funcionários corretamente

O segundo aspecto é o *monitoramento e feedback do desempenho*. O *feedback* é o alimento dos campeões. É durante o *feedback* que a pirâmide hierárquica se inverte na prática, pois é quando o gerente faz o possível para ajudar seus funcionários a ter sucesso. É nesse momento que ele trabalha por eles, fazendo elogios e redirecionando um desempenho inadequado.

O terceiro e último aspecto é a *avaliação de desempenho*, quando gerente e subordinado se sentam para avaliar o desempenho dos membros da equipe ao longo do tempo.

A qual desses três aspectos – planejamento, monitoramento e *feedback*, e avaliação de desempenho – a maioria das empresas dedica mais tempo? A resposta é avaliação de desempenho. Vou de empresa em empresa, e as pessoas dizem: "Você vai adorar nosso novo formulário de avaliação". Sempre dou risada, porque a maioria desses formulários pode ser jogada no lixo. Sabe por quê? Porque esses formulários apontam coisas que ninguém sabe como avaliar, como, por exemplo, iniciativa ou disposição para assumir responsabilidade. Potencial para promoção é outro exemplo bom. Quando ninguém sabe como se sair bem durante a avaliação de desempenho, todos concentram a energia em agradar seus superiores. Afinal, se você tiver um bom relacionamento com seu chefe, terá uma chance maior de obter bons resultados na sua avaliação.

Algumas empresas fazem um bom planejamento de desempenho e estabelecem metas bem claras, mas, depois disso, sabe o que acontece? Na maioria das vezes, essas metas são engavetadas e ninguém mais olha para elas até a época da avaliação de desempenho. Então, ficam todos correndo de um lado para o outro tentando recuperar as metas.

Em qual dos três aspectos da gestão de desempenho se perde menos tempo? Na observação e no monitoramento do dia

MANIA DE CLIENTE!

a dia, que é onde o *coaching* de desempenho realmente acontece. É onde o *feedback* entra em cena – quando há oportunidade de elogiar o progresso e redirecionar o comportamento inadequado. Esse é o aspecto mais importante da gestão de desempenho.

Para ilustrar isso, compartilho a minha experiência de dez anos como professor universitário. Eu sempre estava em apuros. Fui investigado por alguns dos melhores comitês universitários. Uma das coisas que mais os incomodaram foi o fato de eu aplicar a prova final no início das aulas. Quando eles descobriram, questionaram: "O que está fazendo!?".

Sem saber por que estavam perguntando aquilo, respondi: "Não estou entendendo".

Eles explicaram: "Foi você quem armou toda essa confusão".

E eu me justifiquei: "Não é apenas isso o que vou fazer – dar a prova final aos alunos. O que vocês acham que vou fazer durante o semestre inteiro? Vou ensinar a eles as respostas para que, quando chegue o momento da prova final, eles tirem nota 10. Sabe, na vida tudo é uma questão de tirar nota 10, e não uma questão de cumprir um gráfico de distribuição normal".

Quantos de vocês contratam gente ruim? Vocês saem por aí dizendo: "Perdemos alguns dos nossos piores funcionários ano passado; vamos contratar outros para preencher essas vagas". Não, você procura pessoas experientes, que já sabem como fazer o trabalho, ou pessoas com potencial, que podem se tornar boas com treinamento e *coaching*.

Dar aos alunos a prova final antecipadamente equivale ao planejamento de desempenho. Eles saberão exatamente o que é esperado. Ensinar a eles as respostas é observar e monitorar o desempenho, dando *feedback* sobre o progresso. Se vir alguém fazendo algo certo, você elogia. Se alguém fizer algo errado, você não critica, mas diz: "Resposta errada. Qual você acha que é a resposta certa?". Em outras palavras, você redireciona a pessoa. Finalmente, aplicar a mesma prova que você deu no começo do semestre é a avaliação de desempenho. Não pode haver surpresas na avaliação de desempenho. Todos precisam saber como será a prova e obter ajuda durante o ano para conseguir a melhor nota. Quando se tem uma distribuição forçada, em que certo percentual de pessoas deve falhar, você perde a confiança de todos. Tudo o que querem é encontrar o número um. Quando você ajuda as pessoas a obterem nota 10, você tem um sistema de gerenciamento de desempenho que impactará até seus clientes na linha de frente.

A REALIDADE DO *COACHING* DE DESEMPENHO DA YUM!

A gestão de desempenho é importante na Yum!, mas eles têm muito cuidado com a palavra *gestão*, porque acham que remete à burocracia. O que eles não queriam era um sistema de gestão de desempenho que envolvesse o preenchimento de extensos formulários e o cumprimento de ordens vindas de cima. Portanto, como sempre fazem, eles criaram na Yum! um conceito completamente novo para a gestão de desempenho, com o *coaching* no centro.

Coaching e apoio
Orientamos e apoiamos uns aos outros

O PROGRAMA DE *COACHING* DA YUM!

A função do *coach* é ajudar as equipes a vencer e brilhar. Um *coach* é uma pessoa próxima, não alguém que se localiza

MANIA DE CLIENTE!

numa cidade distante. Bons *coaches* devem ser mais do que figuras representativas; eles devem conhecer as regras do jogo e saber como jogá-lo. E os *coaches* não podem ter sucesso se suas equipes não tiverem sucesso. Na visão da direção da Yum!, o *coaching* é a maneira ideal de disseminar a nova cultura.

De todas as inovações que discutimos com o pessoal da Yum!, o *coaching* e o poder que ele exerce eram o tema sobre o qual mais queriam falar. O programa de *coaching* de desempenho da empresa foi criado para alinhar o desempenho aos valores; isso dá uma base para o desenvolvimento pessoal. Veja o que a Yum! diz sobre o papel do *coaching* e como ele está ajudando a disseminar a Mania de Cliente.

Definição de metas *Blue Chip*. Todos os líderes da Yum! sabem que o bom desempenho começa com metas claras. Por isso, seu sistema de definição de metas é bem-organizado. Veja a seguir como isso funciona.

As metas são definidas no início de cada ano; as metas mais importantes são chamadas de *Blue Chip*.[1] O foco das metas *Blue Chip* são os resultados. As metas principais são estabelecidas pela direção da empresa e transferidas por todos os níveis gerenciais até chegarem aos restaurantes. Os membros do grupo reúnem-se com seus *coaches,* identificam as metas mais importantes e garantem que haja uma visão clara entre as suas metas e aquelas estabelecidas pela direção da empresa. O programa de *coaching* foi criado para ser trabalhado em base contínua a fim de ajudar as pessoas a alcançarem suas metas *Blue Chip*.

---

[1] Uma referência às ações de primeira linha na bolsa de valores, ligadas a empresas em excelentes condições financeiras e que pagam dividendos altos e crescentes. [N. do R.]

Terceiro passo: Trate seus funcionários corretamente

A avaliação no meio do ano é baseada em um *feedback* de 360° com todas as pessoas ao redor de um funcionário; 80% da análise se concentra no desenvolvimento pessoal e de carreira, e 20% nas metas *Blue Chip*. O foco é no desenvolvimento pessoal – como obter resultados e até que ponto a pessoa coloca os valores em prática e age como líder.

Metade desse *feedback* se concentra nos princípios do Como Trabalhamos Juntos, e outra metade nas responsabilidades de liderança do Como Lideramos. A discussão gira em torno da análise do *feedback* de 360° e das oportunidades identificadas. Também inclui discussões sobre oportunidades de carreira.

No final do ano, os líderes se reúnem com seus gerentes para a Avaliação de Resultados de Desempenho. Nesse momento, a ênfase muda: 80% foca em resultados e 20% no processo.

O papel do *coach*. Tim Morrison, diretor de *coaching* da Taco Bell para a Região Central dos EUA, descreve a tarefa de um *coach* da seguinte maneira: "Minha responsabilidade é ajudar a criar um ambiente no qual as pessoas se sintam bem no lugar onde trabalham e com o que fazem. Parte disso é mostrar que elas são valorizadas e têm a oportunidade de fazer o que quiserem na empresa. Isso pode significar ser o melhor cozinheiro que puderem ser, ou talvez ser um cozinheiro hoje e estar no lugar de David Novak em dez anos".

"Sou responsável por criar um ambiente no qual as pessoas recebem treinamento, *feedback*, desenvolvimento e reconhecimento apropriados. Se eu conseguir isso, todo o resto vem sozinho. Na minha opinião, os princípios do Como Trabalhamos Juntos são perfeitos para isso."

MANIA DE CLIENTE!

Oriente primeiro, depois oriente novamente. Fazer *coaching* leva tempo. Até David admite que, algumas vezes, sua impaciência o fez esquecer da regra "Oriente primeiro, depois oriente novamente".

"Quando comecei, tínhamos um CFO na KFC que realmente me irritava. A KFC não crescia há anos. Em todas as reuniões, a única coisa que ele falava era sobre cortar custos, reduzir a qualidade dos ingredientes e economizar centavos aqui e ali. Uma vez o presidente da PepsiCo na época, Wayne Calloway, estava na cidade e eu disse a ele: 'Wayne, esse cara precisa deixar a empresa'.

"Wayne respondeu: 'Estou surpreso, ele é uma das pessoas mais inteligentes por aqui. Você já lhe disse o que pensa sobre ele?'.

" 'Bom, não, ainda não, mas sei que ele precisa ir embora.'

"Ele insistiu: 'Por que você não conversa com ele, expõe seus pontos de vista e vê como ele reage?' "

Aos meus olhos, o destino daquele cara era certo.

"Mesmo assim, eu o procurei e disse: 'Estou aqui para fazer o negócio crescer. Quando você quiser cortar custos, fale comigo em particular e podemos discutir sobre o assunto. Quando você vem trabalhar, é para me ajudar a fazer o negócio crescer. De agora em diante, quero que você olhe no espelho e veja a palavra crescimento escrita na sua testa, e é somente sobre isso que eu quero que você fale nas reuniões. Em público, você só vai focar em fazer o negócio crescer'.

"Bem, ele entendeu aquele *feedback* porque queria crescer. Então, ele se reuniu com os gerentes-gerais de restaurante e percebeu como eles gostavam de ser reconhecidos. Depois disso, começou a investir mais dinheiro em reconhecimento. Durante esse processo, ele nos ajudou a crescer e se tornou um

112

Terceiro passo: Trate seus funcionários corretamente

dos maiores defensores da nossa cultura. O problema todo era uma questão de *coaching*. Eu aprendi: oriente primeiro, depois oriente novamente. Primeiro você precisa ajudar as pessoas, depois ajudar novamente. Se nada acontecer, então, provavelmente, elas estão no barco errado."

Orientar é ajudar, não um convite para dar um passeio. O *coach* regional da Pizza Hut, Roman Saenz, descreve sua primeira experiência com o poder positivo do *coaching*:

"Foi minha primeira experiência com Aylwin Lewis, COO da Pizza Hut na época, um pouco depois que David Novak assumiu. Eu tinha acabado de ser promovido a *coach* regional. Depois que assumi essa posição, cinco gerentes saíram nos meus primeiros seis meses. O foco era promover pessoas de dentro e, com base na minha experiência, promovi algumas pessoas. Algumas delas trabalhavam muito bem e eram realmente íntegras, mas ainda estavam muito, muito verdes no negócio.

"Eu tinha acabado de promover um gerente-geral de restaurante em uma das minhas lojas. Aylwin Lewis apareceu justamente nessa loja com sua comitiva e pegou todos de surpresa. Não tínhamos ideia de que ele iria à loja. Quando cheguei, ele já estava lá há cerca de trinta minutos. Fiquei tenso. A primeira coisa que pensei foi que eu tinha acabado de ser promovido e estava prestes a ser demitido. Antes da Yum!, minha experiência com visitas surpresas não tinha sido positiva. E Aylwin simplesmente me olhou e disse: 'Como posso ajudar? Do que você precisa para colocar sua regional em ordem?'.

"Eu respondi: 'Bem, tenho quatro unidades sem gerentes-gerais e outras com gerentes novos. Este gerente começou aqui há duas semanas; esta é sua segunda semana, então ele está apavorado'.

"Ele perguntou: 'Como posso lhe dar algum tipo de apoio?'.

"Eu respondi: 'No momento tenho dificuldade em estar em todas as lojas. Tenho quinze lojas, quatro com gente nova, quatro sem ninguém, e está muito difícil dar suporte a todos'.

"Ele se comprometeu: 'Ligo para você na segunda-feira' – isso foi na sexta-feira – 'e vamos conseguir alguém para ajudar você nos próximos quatro finais de semana, assim você poderá ajudar seus novos gerentes na adaptação. Vou ligar para você na primeira hora na segunda-feira'.

"Aylwin enviou cerca de vinte pessoas do Centro de Apoio ao Restaurante (CAR) para me ajudar durante os quatro finais de semana seguintes. Essas pessoas trabalhavam no CAR durante a semana e comigo nos finais de semana. Eles tinham experiência. Naquela época o CAR usava o lema 'Damos Apoio à Linha de Frente' –referindo-se aos restaurantes como nossa linha de frente. Era como um grito de guerra: 'Vamos voltar ao campo de batalha para garantir que nossos restaurantes tenham aquilo de que precisam'. Víamos esse tipo de coisa o tempo todo na antiga administração. Aylwin fez exatamente o que disse que faria.

"No passado, eu provavelmente teria sido afastado e teria ouvido que tudo que eu estava fazendo estava errado. Naquele momento, eu estava atolado de trabalho, sentindo-me péssimo com o que estava acontecendo e tentando consertar as coisas, e aconteceu tudo isso. Um passeio lá fora."

Qualquer pessoa pode orientar qualquer pessoa. O *coaching* na Yum! não está limitado à relação líder-colaborador. Um dos líderes de campo da KFC nos contou: "Aqui você pode orientar

Terceiro passo: Trate seus funcionários corretamente

horizontalmente e de baixo para cima". Ele se lembrou de um caso de quando estava trabalhando na Pizza Hut e Aylwin Lewis era diretor de operações:

"Aylwin é um dos melhores líderes que eu já conheci, um dos meus principais exemplos e um disseminador da nossa cultura ao redor do mundo. Mas todos têm um dia ou dois dias ruins de vez em quando. Tínhamos uma regional de cerca de 50 restaurantes em Columbus que estava péssima; doze deles estavam sem um gerente-geral. Trouxemos um gerente da Flórida para assumir um restaurante *delivery*. A pessoa fez um ótimo trabalho, dobrando a receita semanal em poucos meses.

"Aylwin e eu fomos ao restaurante fazer uma visita. Aylwin entra, dá uma olhada e depois passa um sermão no gerente-geral para treinar os funcionários a fazerem melhor a limpeza. O rapaz ficou destruído. Quando saímos do restaurante, eu disse o que achava sobre o que ele tinha feito e o impacto negativo que aquilo deveria ter causado no gerente. Conversamos um pouco a respeito, e ele me agradeceu. É necessário um bom relacionamento com seu chefe para ter esse tipo de conversa e, se ele for egocêntrico, isso não vai acontecer.

"Em outra situação, Aylwin me atacou três vezes seguidas. Ele me criticou por três coisas que eu disse que faria, sem me dar a chance de explicar o que estava acontecendo. Na Yum!, sempre confiamos nas pessoas, isto é, não fazemos julgamentos sobre suas intenções. Um dos nossos valores é: 'Acredite nas pessoas, confie nas intenções positivas'. Para mim, tudo aquilo soava como se eu estivesse negligenciando alguma coisa. Isso me chateou, então, depois de dois dias, fui conversar com Aylwin. Ele se desculpou: 'Você está certo, peço desculpas'.

"Nós orientamos uns aos outros. Mesmo sendo o presidente ou o CEO, ou qualquer outra pessoa, isso não significa que essas pessoas não possam ser orientadas. É muito bom ter esse tipo de cultura e de relacionamentos que possibilitem conversas assim. Você não precisa se preocupar em arriscar o relacionamento com seu chefe ou em ser a vítima. Com histórias assim, mostramos que estamos disponíveis, e as pessoas se sentem confortáveis em fazer uma crítica construtiva, porque ninguém precisa ser perfeito."

O *coaching* pode ser desafiador. O *coaching* não equivale meramente a ouvir e tentar "conduzir a testemunha". Às vezes envolve confronto e conflito. Uma das pessoas que se reporta diretamente a David Novak reitera que o *coaching* segue nas duas direções:

"Uma das coisas que amo nesta cultura é o uso da palavra *coach* – e o fato de que qualquer pessoa pode orientar qualquer pessoa. Experimentei um desses momentos quando tive um desentendimento com David publicamente nos meus primeiros seis meses de empresa. Somos pessoas muito firmes, e isso aconteceu numa reunião com o time dele e com o meu. Nenhum de nós ficou feliz com o ocorrido.

"Remoemos aquilo tudo por alguns dias e finalmente decidimos conversar. David liderou o *coaching*, o que foi bom, porque eu ainda estava muito irritado. Ele usou um exercício que aprendemos na KFC, chamado de Escada da Responsabilidade. Ele ajuda você a assumir a responsabilidade por seu próprio comportamento. As pessoas adoram fazer papel de vítima, contando para todo mundo como foram maltratadas. Nesse exercício, você precisa reconhecer quando fez papel de vítima, só

Terceiro passo: Trate seus funcionários corretamente

que desta vez você conta a história para a mesma pessoa várias vezes. É impressionante como a energia se esgota rápido quando você faz papel de vítima. A energia só se sustenta se você fica contando o fato para pessoas diferentes. Eu não sabia nada disso quando David e eu nos encontramos para falar sobre a reunião.

"David disse: 'Faça o papel de vítima, quero ouvir sua história'. E eu retruquei: 'Que papel de vítima? Detesto essa palavra; nunca faço o papel de vítima e nunca vou fazer!'

"David continuou: 'Fale novamente sobre como você foi tratado e como se sentiu – como fui um idiota e o que deixou você chateado. Faça o papel de vítima e simplesmente fale pelo tempo que precisar'. Eu pensei: 'Interessante, ninguém nunca pediu para ouvir toda minha história antes'. Então comecei dizendo: 'Nunca alguém foi tão arrogante comigo, e você fez isso na frente do meu time. Foi desrespeitoso e humilhante'. Eu realmente entrei no jogo e despejei tudo o que estava engasgado. Depois David fez a mesma coisa – foi uma verdadeira sessão de lamentações.

"Finalmente, David falou: 'Agora vamos nos responsabilizar pelo resultado. O que você e eu poderíamos ter feito diferente para mudar o resultado?' E acredite, ele me fez pensar. Há várias coisas que eu poderia ter feito em vez de contribuir para intensificar o conflito. Ele realmente me forçou a rememorar a reunião. Depois ele assumiu sua responsabilidade e fez o mesmo, e comparamos as conclusões. Em vinte e quatro anos, nunca vivi uma sessão de *coaching* que tenha me ensinado tanto.

"Para fazer esse tipo de *coaching*, você precisa estar muito confortável com quem você é. Você precisa deixar seu ego de lado. David poderia simplesmente ter revivido o ocorrido do seu ponto

117

de vista. Frequentemente, é isso que acontece. Mas, no lugar disso, ele declarou: 'Vamos seguir em frente. Isso agora é passado'."

Fazer *coaching* é ajudar as pessoas a identificar os problemas e desenvolver soluções. Nesta empresa, qualquer pessoa pode orientar qualquer pessoa.

UM DIA NA VIDA DE UM *COACH*

Chuck Boone, *coach* de área da Taco Bell, resumiu bem o que vimos acompanhando os *coaches* regionais da empresa:

"Deixe-me dizer o que é um dia na vida de um *coach* de área. Temos muita interação com o restaurante. Pela manhã vemos os números. Recebemos uma mensagem de voz dos funcionários que encerraram a noite anterior. Se houver algum resultado bom – um resultado realmente diferenciado –, ligamos logo para a unidade. Gastamos um ou dois minutos de conversa falando algo como: 'Ótimo trabalho, continue com foco hoje'.

"Se houver algum problema, perdemos realmente um pouco mais de tempo fazendo alguns questionamentos como: 'Você conferiu se os resultados estão corretos?'. São alguns passos com os quais eles logo se acostumam e já ficam preparados para a ligação no dia seguinte. Provavelmente gastamos algo em torno de uma hora todas as manhãs coletando os resultados e fazendo ligações para reforçar algo ou para dar algum incentivo ou *coaching* a fim de que as coisas melhorem naquele dia. Assim começam as manhãs.

"Depois disso, levamos de duas a quatro horas com sessões mais profundas de *coaching* em dois restaurantes. Passo um bom tempo com o gerente-geral. Se ele está fora da loja por algum motivo, faço a sessão com o assistente sênior ou com o assistente do gerente.

Terceiro passo: Trate seus funcionários corretamente

"Tipicamente, vou ao restaurante, dou uma volta, cumprimento as pessoas e desejo bom dia a todos. Se houver clientes, cumprimento a todos e pergunto como está sendo a experiência e se há algo que podemos fazer para melhorá-la. Faço uma reunião de vinte minutos com o gerente-geral e repassamos o que tem acontecido ultimamente, ou pergunto como as coisas estão indo. Então investigo e analiso o restaurante. Essas quatro horas são bem estruturadas. Temos relatórios detalhados de todos os principais aspectos do funcionamento da loja. Os gerentes-gerais de restaurante estão acostumados e, às vezes, se antecipam. Alguns estão tão acostumados que já se adiantam em tudo.

"Provavelmente, a melhor parte do dia é quando me sento com o gerente-geral no salão do restaurante para conversar. Por duas horas, posso me aprofundar nos assuntos, seja algo que eu perceba em que eles precisam de ajuda, ou coisas que eles próprios trazem. Nosso modelo de *coaching* de alto impacto chama-se IARA, que significa Investigar, Analisar, Responder e Anotar. Através de diferentes perguntas, chegamos ao cerne do problema que eles estão enfrentando. Não dizemos o que está errado; eles precisam ver por si mesmos. E eles percebem. É quase como uma revelação do verdadeiro problema. Nós só os ajudamos a chegar à essência.

"Depois de ajudá-los a lidar com aquela oportunidade, da próxima vez que formos ao restaurante, temos de nos certificar de verificar aquele problema e garantir que foram tomadas as devidas providências. Se eles tiverem feito progresso, essa é a oportunidade de elogiar."

A descrição que Chuck Boone faz do seu dia como *coach* mostra que a autodescoberta é a base de tudo – esperamos que o resultado dessa interação seja que a pessoa assuma a responsabilidade por seu próprio aprendizado e seja autorresponsável e autovigilante. É um processo muito pessoal: duas pessoas trabalhando com o mesmo objetivo, uma delas agindo não como chefe, mas como facilitador da oportunidade para que o outro possa melhorar seu desempenho.

Os *coaches* da empresa ensinam sem dizer como. Eles ajudam na descoberta das respostas guiando as pessoas até elas. Rob Savage, diretor operacional da Taco Bell, explica: "É claro que, no curto prazo, é bem mais rápido dar as respostas, mas não é assim que funciona o *coaching*. Esse é o processo que usamos para vivenciar e disseminar nossos valores".

O *COACHING* FUNCIONA?

Os líderes da empresa acreditam no *coaching*, mas somente se o *coach* não agir como um sabe-tudo. "Tudo o que você precisa é de alguém que esteja vulnerável", diz Aylwin Lewis. "No momento em que o *coach* compartilha algo que fez de errado e gostaria de poder ter feito diferente, as barreiras caem e você consegue uma tremenda conexão para poder conduzir o processo." Egos inflados não se sustentam na Yum! porque simplesmente não se encaixam à cultura.

David Novak declara firmemente que o *coach* funciona e que seu programa de *coaching* de desempenho é o melhor do mundo. Também acreditamos que a empresa tem potencial para estar entre as melhores do mundo nesse quesito, porque tem sistema, processos e a cultura de reconhecimento para dar suporte ao programa.

Terceiro passo: Trate seus funcionários corretamente

QUADRO DE RESULTADOS DA YUM!
Coaching de desempenho
Nota 8 de 10

Achamos que a Yum! está fazendo um trabalho fabuloso com o posicionamento e a implementação da filosofia de *coaching* para disseminar e criar a Mania de Cliente. Seus funcionários estão comprometidos e têm paixão pelo trabalho dos *coaches*. O único motivo de não termos dado nota 10 é que queremos ver se eles conseguirão levar toda essa energia do *coaching* até o atendimento ao cliente nos restaurantes. Eles estão no caminho.

CONECTE AS PESSOAS: DESENVOLVENDO PROCESSOS E SISTEMAS ADEQUADOS

O IDEAL DE BLANCHARD

Se você quer criar fãs incondicionais e Cliente Maníacos para encher sua caixa registradora, precisa assumir as rédeas do negócio. "O inferno está cheio de boas intenções" é um velho ditado, mas muito verdadeiro. Minha experiência mostra que nada que é bom vem por acaso. Por exemplo, tenho certeza de que você conhece alguém muito atencioso, que nunca esquece do seu aniversário. O que ele faz? Ele usa um sistema na agenda ou no celular que o avisa uma semana antes e não o deixa esquecer do seu aniversário. Líderes eficientes são assim. É mais disciplina do que arte e requer bons sistemas. Na última seção, falamos sobre gestão de desempenho e como é vital fazer que seus funcionários produzam bons resultados e se sintam bem durante o processo. O que faz a gestão de desempenho ser eficiente?

Quando trabalhei com Bob Lorber no livro *O gerente-minuto em ação*, identificamos cinco sistemas essenciais para uma gestão de desempenho eficiente: responsabilização, dados/informação, *feedback*, treinamento e reconhecimento. Em outras palavras, para que as pessoas tenham alto desempenho, elas precisam saber o que se espera delas (responsabilização) e qual é o comportamento desejado (dados/informação). Depois disso, precisam saber como estão se saindo (*feedback*). Se o desempenho não estiver de acordo com o esperado, precisam de redirecionamento (treinamento). Se o desempenho for positivo, as pessoas precisam ser vistas atuando bem e ser elogiadas (reconhecimento).

Terceiro passo: Trate seus funcionários corretamente

SISTEMA Nº 1:
RESPONSABILIZAÇÃO

Para que as metas de uma empresa sejam alcançadas, cada pessoa, não importa se trabalhando individualmente ou em grupo, precisa saber pelo que será responsabilizada. Todo bom desempenho começa com metas claras. É por isso que a Definição de Metas-Minuto é o primeiro segredo do livro *O gerente-minuto*. Quanto mais clara for cada meta, mais responsabilizada será a pessoa que vai executá-la – isso significa definir exatamente o que será feito, quando e por quem, o que é considerado um bom desempenho e de que maneira isso será avaliado.

Sem um sistema claro de responsabilização, as pessoas não saberão onde focar sua energia. Isso precisa ser estabelecido durante o planejamento de desempenho.

SISTEMA Nº 2:
DADOS/INFORMAÇÃO

Metas claras definem pelo que cada pessoa será responsabilizada, e o que significa um bom desempenho. O segundo aspecto da definição de metas requer um sistema de dados/informação que funcione. Ele é importante para o planejamento e essencial para o monitoramento e o *feedback* do desempenho.

Devido à explosão informacional que temos hoje, administrar e disseminar informações pode, por si só, se tornar uma estratégia-chave. Quando falamos em sistema de dados, estamos nos referindo à maneira como as pessoas obtêm informações sobre finanças, avaliações de clientes, desempenho ou qualquer coisa que sirva de base para a tomada de decisão ou para o *coaching*. Pessoas sem informações pertinentes não podem se automonitorar, orientar ou reconhecer outras pessoas, ou tomar decisões sensatas, enquanto as pessoas que têm informações adequadas podem fazê-lo com propriedade.

Se você não pode medir, não pode gerenciar.
Se você não pode medir, não pode orientar.
Se você não pode medir, não pode reconhecer.

SISTEMA Nº 3: TREINAMENTO

Treinamento é uma estratégia-chave para qualquer organização que aprende. Além de metas pouco claras, a falta de treinamento é o segundo motivo mais comum para que as pessoas não consigam desempenhar bem suas funções. Já falamos sobre o treinamento e sua importância. Enquanto o treinamento inicial é importante para os que acabaram de ser contratados, o treinamento contínuo é necessário para manter as pessoas atualizadas e motivadas. Quando as pessoas não estão tendo bom desempenho, é porque não conseguem ou porque não querem, ou ambos. O treinamento é perfeito para os que não conseguem. Como dissemos antes, para os que não querem, não é uma questão de treinamento, mas uma questão pessoal ou relacionada à cultura da empresa. Se for pelos dois motivos, porque não conseguem e porque não querem, o planejamento de carreira pode ser uma solução.

SISTEMA Nº 4: *FEEDBACK*

O *feedback* e o monitoramento de desempenho são a chave para a gestão de desempenho. Como já dissemos, o *feedback* é o alimento dos campeões. A primeira vez que ouvi essa expressão foi de um colega, Rick Tate, que é especializado em treinamento de serviço ao cliente. Você consegue imaginar um velocista

Terceiro passo: Trate seus funcionários corretamente

treinando para as Olimpíadas e o cronometrista se recusando a marcar seu tempo de prova? E um atleta de salto em altura que não sabe a altura que pulou? Sem *feedback* as pessoas não conseguem saber se o desempenho foi favorável ou não.

Um dos meus exemplos favoritos é o boliche. Você já viu as pessoas jogando boliche? Se depois de jogarem a bola, elas começarem a pular e gritar, adivinhem o que aconteceu? Elas fizeram um *strike*. Derrubaram todos os pinos. Infelizmente, algumas organizações jogam boliche diferente. O jogador se prepara, olha para a pista, mas não vê nenhum pino. Quanto tempo você acha que ele vai querer jogar sem pinos?

Quando você diz às pessoas que elas precisam dar ao seu time um *feedback* sobre os resultados, normalmente elas jogam um segundo tipo de boliche. Nesse tipo de jogo, o jogador olha para a pista, vê pinos, mas também vê um pano na frente deles. Quando o jogador joga a bola, ela passa pelo pano, ele ouve o barulho, mas não sabe quantos pinos derrubou. Daí perguntam: "Como foi?". E o jogador responde: "Não sei, acho que fui bem". Ele não recebeu nenhum *feedback*.

Quando você insiste que as pessoas precisam dar *feedback*, com frequência elas jogam um terceiro tipo de boliche. Desta vez, o jogador se aproxima, olha para a pista e vê que o pano ainda está cobrindo os pinos, mas há um novo elemento no jogo. Atrás do pano há um supervisor. O jogador lança a bola, ela passa pelo pano, ele ouve o barulho e o supervisor mostra dois dedos: "Você derrubou dois pinos". Muitas organizações não dizem que o jogador derrubou dois pinos, mas que errou oito. O que devem fazer é tirar o pano da frente e deixar que o jogador veja os pinos, para que ele possa saber quantos conseguiu derrubar. O *feedback* realmente é o alimento dos campeões.

O *feedback* eficiente é importante para a identificação de problemas, o *coaching* e a avaliação de desempenho.

SISTEMA Nº 5: RECONHECIMENTO

O reconhecimento é fundamental para sustentar um bom desempenho e tem um papel importante também na avaliação. O reconhecimento tem dois aspectos. O primeiro é ver as pessoas trabalhando bem na prática, no momento em que as coisas acontecem. O segundo é premiar o desempenho ao longo do tempo. Se você entende a diferença entre esses dois aspectos, percebe por que o reconhecimento também é importante para o *feedback* e o monitoramento do desempenho. O *feedback* deve ser uma prática contínua, imediata e específica no momento da ação, caso contrário se torna inútil. Já o reconhecimento deve ser feito ao longo do tempo com placas, dinheiro e coisas do tipo.

Os dois aspectos citados são importantes. Se esperarmos para reconhecer o desempenho das pessoas no final do ano, elas ficarão desestimuladas. É como se ninguém notasse seu esforço. Se os fãs de futebol só torcessem para seu time quando este fizesse gol, os times nunca fariam gols. O encorajamento ao longo do caminho mantém as pessoas focadas nas metas. No final da temporada, se o time ganhar, é oferecido um jantar da vitória, e isso motiva o time para a próxima temporada.

No mundo corporativo, um bom sistema de reconhecimento ajuda muito a decidir sobre promoções e premiações e a elogiar o desempenho das pessoas ao longo do tempo.

Confiar nas boas intenções nem sempre é suficiente. São os sistemas que mantêm as pessoas no caminho certo e permitem que o bom desempenho aconteça.

Terceiro passo: Trate seus funcionários corretamente

A REALIDADE DA YUM!: DESENVOLVENDO PROCESSOS E SISTEMAS ADEQUADOS

Nos negócios, você ganha força ao vencer, não apenas ao fazer tudo direito.
- David Novak

Enquanto David Novak se empenha em construir a Mania de Cliente, com as pessoas em primeiro lugar, ele procura preservar a paixão pela excelência e a busca de resultados presentes na PepsiCo. Ao manter as pessoas e os resultados como prioridade, a empresa trabalha tanto para motivar seus funcionários e gerar resultados, como para aumentar a retenção e diminuir a rotatividade.

Excelência na execução
Superamos os resultados de anos anteriores melhorando e inovando continuamente.
Seguimos trabalhando com intensidade diária.

Rob Savage, diretor de operações da Taco Bell, diz: "Toda essa questão relacionada à cultura não é apenas para as pessoas se sentirem bem consigo mesmas. Não é algo como: 'Se os lucros aumentarem, ótimo; se não aumentarem, tudo bem também'. Não é isso. Parte da cultura é querer vencer. Vencer significa, em última análise, impulsionar as vendas e a lucratividade. Você consegue isso cuidando das pessoas e dos clientes".

"Não se trata de ver apenas o lado bom, esquecendo o lado difícil", acrescenta Savage. "Acreditamos na excelência. Acreditamos na responsabilização e no *coaching* como forma de reforçar essa ideia. Essas são coisas essenciais. Em resumo, a cultura deve ser um meio, um facilitador para alcançar o bom desempenho acima e além do esperado. Se isso não acontecer, há algo errado. Simples assim."

AS MÉTRICAS SÃO A CHAVE PARA A MANIA DE CLIENTE

A crença de que "se você não pode medir, não pode gerenciar" é um fato. A Yum! tem um sistema rigoroso de métricas para identificar oportunidades de *coaching* e reconhecimento e para premiar as pessoas. Temos paixão não apenas por medir resultados, mas também por medir o progresso, o que é igualmente importante. Sem métricas, seria impossível manter o equilíbrio entre as pessoas e os resultados.

Responsabilização

*Fazemos aquilo que pregamos,
assumimos a responsabilidade
pelos resultados e agimos como donos.*

As métricas vão muito além da responsabilização. Na realidade, elas são a chave para a Mania de Cliente, porque são o meio para reconhecer o progresso e os resultados.

Processos e sistemas não são coisas atraentes, mas são essenciais para que tudo funcione. Sem processos e padrões, não há como uma empresa atuar de forma eficiente em 100 países no mundo.

Terceiro passo: Trate seus funcionários corretamente

CHAMPS: UMA MANEIRA
DE GARANTIR RESULTADOS

Muitas das grandes ideias que dão certo em uma empresa começaram em algum lugar dentro da própria organização. Um grande exemplo disso é o CHAMPS, o sistema de métricas operacionais desenvolvido pela equipe da Yum! Internacional.

O CHAMPS trouxe consistência para a empresa na maneira como cada restaurante mede seu sucesso. Limpeza, gentileza, exatidão, manutenção, qualidade do produto e rapidez são pontos importantes com os quais todos os funcionários do restaurante precisam lidar. A Yum! elegeu o CHAMPS como marca para uma série de programas de treinamento e reconhecimento da empresa.

Kathy Gosser, diretora global do CHAMPS, diz: "Embora o CHAMPS seja um conjunto de métricas do restaurante do ponto de vista do cliente, ele se aprofunda no aspecto operacional que produz efeito no cliente. Temos três métricas baseadas nele: Verificação CHAMPS, Revisão de excelência CHAMPS e a Linha direta.

A Verificação CHAMPS é uma avaliação do ponto de vista exclusivo do cliente (o 'cliente misterioso') baseado no CHAMPS. Todo restaurante é avaliado ao menos uma ou duas vezes por mês (os restaurantes da Pizza Hut são avaliados 16 vezes por mês). Os resultados são usados para celebrar e premiar o desempenho e para identificar oportunidades de melhoria.

As pessoas que fazem a Revisão de excelência CHAMPS são chamadas de especialistas em operações e reconhecimento. Cerca de três vezes ao ano elas fazem sessões de *coaching* sem agendamento prévio em cada restaurante, na empresa e junto aos franqueados. Os bons restaurantes têm menos revisões, e os que apresentam oportunidades têm mais. São feitas de três a quatro visitas de *coaching* e avaliação."

"Os especialistas não entram e simplesmente dizem o que há de errado", continua Kathy. "Eles identificam as oportunidades e um programa de computador automaticamente imprime um plano de ação com responsabilidades e cronogramas – o programa diz o que está acontecendo e o que precisa ser feito para melhorar. É uma ferramenta muito prática e funcional."

Conversando com Kathy, percebemos de que maneira o sistema CHAMPS, como tudo na empresa, contribui para a cultura de reconhecimento.

"O plano de ação pode ser adaptado a cada caso. E o mais importante, a sessão de *coaching* identifica oportunidades de reconhecimento – é por isso que esses profissionais recebem o nome de especialistas em operações e reconhecimento. Eles são responsáveis por, ao mesmo tempo, identificar oportunidades de melhoria e reconhecer e reforçar o que está funcionando bem. Sempre há algo que merece reconhecimento."

A mentalidade da empresa em relação à pontuação no desempenho é diferente de tudo o que já vimos. Ela passa a mensagem: "Queremos orientar e medir o desempenho para poder dar reconhecimento". A empresa usa de forma única a própria necessidade do ser humano de reconhecimento para melhorar o baixo desempenho. É um exemplo perfeito da sua filosofia de valorizar um e outro — pessoas e resultados.

Kathy deixa claro que a responsabilização é uma via de mão dupla. "Por outro lado, os especialistas são avaliados pelos gerentes-gerais de restaurante sobre a qualidade da visita, se foi

Terceiro passo: Trate seus funcionários corretamente

uma avaliação justa, se eles explicaram o plano de ação, se reconheceram o esforço das pessoas e se o *coaching* e o treinamento tiveram valor agregado. A principal responsabilidade do especialista em CHAMPS é orientar e propiciar o reconhecimento. As avaliações dos gerentes-gerais representam 15% da avaliação de desempenho do especialista."

"O terceiro canal de *feedback* do cliente é nossa linha direta 0800. Ela oferece uma rede segura para garantir o bom atendimento de todos os clientes. Eles ligam tanto para cumprimentar como para fazer críticas. As reclamações são levadas rapidamente ao gerente-geral de restaurante para tomar providências; queremos aproveitar essa oportunidade para fidelizar o cliente. Também utilizamos esse recurso para obter *feedback* sobre novos produtos e promoções. É um ótimo sistema de alerta precoce."

DANDO VIDA AO CHAMPS

Jacquelyn Bollman, uma *coach* de área da KFC em Louisville, fala como o CHAMPS funciona no restaurante:

"Temos um processo chamado Verificação CHAMPS duas vezes ao mês, em que uma pessoa vai ao restaurante se passando por um cliente – não sabemos quem ou quando – e avalia aspectos como limpeza, se a comida está quente e fresca, e o atendimento. Cada loja recebe notas numa escala de 0 a 100. Se houver um papel no chão do estacionamento, perdemos pontos. O restaurante recebe uma nota global; já o funcionário que atende o cliente misterioso tem um impacto maior na nota."

O mais fascinante é que as notas da Verificação CHAMPS são computadas no sistema de reconhecimento. Bollman continua: "Se a loja obtém nota 100, vou até lá e dou um abraço e um prêmio a cada funcionário. Ontem recebemos nossas notas. Um dos restaurantes obteve nota 96; teria sido nota 100, mas uma balconista estava com a viseira sem a rede de cabelo. O A&W recebeu nota 97, dois restaurantes receberam nota 100 e um recebeu nota 77 porque o caixa se esqueceu de cumprimentar o cliente. Precisamos de mais orientação sobre isso!

"Precisamos responsabilizar as pessoas, mas, ao mesmo tempo, precisamos nos divertir. Quando o A&W recebeu nota 97, liguei para o caixa e brinquei com ele: 'Eu mato você. O resto estava perfeito! A comida estava quente, o estacionamento impecável e o salão brilhando! Era só ter dito: "Gostaria de uma sobremesa?". Você pode fazer melhor do que isso!'. Pude fazer isso porque esse rapaz sabe que conheço sua capacidade. Por exemplo, o Combo-Plus é uma ótima oferta para o cliente, e ele consegue vender o Combo-Plus para todo mundo."

BALANCED SCORECARD (BSC)

O *Balanced Scorecard* (ferramenta para gerenciar metas e estratégias) é usado para fornecer uma avaliação geral do restaurante. Ele tem quatro perspectivas: cliente, pessoas, vendas e lucros. A perspectiva do cliente é obtida pelo CHAMPS e pelo cliente misterioso. A pesquisa do fundador, feita em um nível acima do restaurante, e a pesquisa da voz dos campeões, feita nos restaurantes, dão uma boa ideia da percepção das pessoas e de como a loja está se saindo.

David Novak diz: "As pessoas querem sentir que são parte de algo maior. Elas não querem ir trabalhar só para ser um atendente de cozinha ou de *drive-thru;* elas querem fazer parte de uma equipe. Como parte de uma equipe, elas têm uma

Terceiro passo: Trate seus funcionários corretamente

ambição muito maior. O *Balanced Scorecard* as ajuda a se sentirem assim, porque é um jeito simples de toda a equipe saber como as coisas estão indo".

É possível perceber como a Yum! conecta a responsabilização e, ao mesmo tempo, aplica os valores na prática. A empresa usa métricas detalhadas para cada área-chave do negócio – começando pelo cliente – e equilibra tudo isso entre as pessoas, as vendas e os lucros. No entanto, as métricas não servem para serem registradas e depois esquecidas: elas são acompanhadas do *coaching* e do reconhecimento. Essa é a fórmula para desenvolver vencedores.

Scott Bergren, diretor de marketing e inovação em alimentação da KFC/Yum!, diz: "A chave para equilibrar pessoas e resultados é ter uma base de apoio – os sistemas garantem que os líderes possam focar nas duas extremidades. A franquia de restaurantes é um dos ramos de negócio mais difícil de administrar. Realmente difícil. O que quero dizer é que não é nada fácil ter disciplina para administrar essas lojas – atingir metas e, ao mesmo tempo, ajudar os funcionários a valorizar seu trabalho e os clientes a apreciar a experiência. Na maioria das empresas de restaurantes, a primeira coisa que eles precisam aprender é como obter lucro e ter disciplina. As últimas coisas são geralmente aquelas que consideramos o coração do negócio: o reconhecimento, os clientes e a postura dos funcionários – ou seja, colocar as pessoas em primeiro lugar.

"Só quando temos disciplina e experiência suficiente para administrar o negócio, é que realmente podemos olhar para o que é mais importante, que é cuidar das pessoas e dos clientes.

Você não consegue fazer isso se não tiver sistemas confiáveis funcionando automaticamente ao lado dos resultados."

Como tantos na Yum!, Bergren fala de forma apaixonada sobre seu trabalho. O interessante é que ele diz que seu amor pelo negócio brota justamente desse conflito entre pessoas e lucro. Bergren comenta: "Eu adoro este negócio. Acho que não há trabalho melhor, porque ao mesmo tempo que você precisa prestar atenção nos detalhes para administrar os restaurantes, você precisa ajudar as pessoas a crescer e a se desenvolver. Muitos funcionários nos procuram com problemas, baixa autoestima e sem grandes perspectivas. Ouviram de alguém que eles não têm valor. O que dizemos a eles é exatamente o contrário: 'Nós respeitamos seu trabalho. Você pode fazer carreira aqui. Podemos lhe dar vários exemplos de pessoas que começaram exatamente como você e que construíram uma linda história de vida'. Cuidar das pessoas é como encontrar um tesouro escondido".

CLASSIFICAÇÃO POR MÉRITO

Você pode achar que divulgar as notas de desempenho das pessoas poderia diminuir a motivação e a disposição e gerar uma competição negativa. Isso seria verdade em uma empresa comum. Porém, a Yum! tem um sistema próprio de divulgação de notas que diminui o sentimento de culpa e aumenta a motivação. Eles chamam de classificação por mérito, que é a prática de compartilhar abertamente as notas de desempenho das pessoas. Geralmente eles publicam uma lista com as notas do CHAMPS de todos os funcionários, do melhor ao pior. Verificam os resultados da checagem CHAMPS, e todas as lojas são classificadas com base no mérito. O mesmo acontece para cada região, cada loja e cada *coach* de área.

Terceiro passo: Trate seus funcionários corretamente

Anne Byerlein, diretora de gente, conta: "Trabalhamos com as pessoas que tiveram baixo desempenho e oferecemos *coaching* para que consigam resultados melhores. Damos todas as ferramentas e atenção, além de *feedback* contínuo, para melhorarem mais e mais. Por outro lado, reconhecemos publicamente os que realmente se saíram bem e os que tiveram melhora significativa, para que todos queiram ser vencedores. Temos melhorado esse processo. Costumávamos reconhecer apenas algumas pessoas e equipes, mas não era suficiente para causar impacto. Agora temos uma cultura baseada em resultados, em que o reconhecimento é um processo natural do negócio, e não algo adicional".

Nos últimos dois anos, a empresa focou no reconhecimento, não apenas em relação à perfeição, mas também em melhoria. Eles querem que as pessoas progridam, e perceberam que salientar o que está melhorando é tão importante quanto mostrar o que já está bom. Rob Savage diz: "A classificação por mérito claramente gera melhoria. Constatamos que essa prática realmente aumenta o desempenho. A ideia é tornar públicos os resultados de desempenho, do melhor ao pior. Todos aqui querem ser os melhores. Quando divulgamos a classificação por mérito e a pessoa vê que não está no topo, isso serve de motivação para que ela se esforce mais. Queremos que nosso time esteja no topo.

"Alguns acham que essa prática poder causar humilhação. Em algumas culturas, poderia ser um problema, mas não na nossa. Na verdade, as pessoas que ficam no topo da lista pensam: 'Como posso ajudar os que ficaram embaixo? Quero ficar no topo, mas como posso ajudar essas pessoas a transpor a barreira?' Vocês vão ouvir muito essa frase aqui, 'transpor a barreira.' Significa estar ao menos na média do *Balanced Scorecard*.

Os gerentes-gerais de restaurante costumam dizer: 'Eu transpus a barreira, agora quero chegar ao topo'."

Uma das tendências mais fortes que vemos na Yum! é a competição interna saudável. As melhorias que tivemos com a classificação por mérito – o aumento da motivação para vencer e para ajudar os outros – são exemplos excelentes dos benefícios de uma cultura que coloca as pessoas em primeiro lugar. A confiança conquistada pela Yum! permite que a empresa exija mais dos seus funcionários.

Na maioria das empresas em que há pouco ou nenhum reconhecimento, e o mau desempenho gera culpa e não há *coaching* contínuo, os gestores não teriam coragem de publicar as notas dessa forma. Mas, em um ambiente no qual você sabe que seu chefe e todos os seus colegas estão do seu lado, dando-lhe apoio, tirar uma nota baixa não causa constrangimento, só faz você querer melhorar.

Ter métricas tão poderosas permite que a Yum! sinta o pulsar de seus restaurantes e possa intervir e orientar de forma contínua. Com a classificação de mérito, a Yum! sempre deixa claro para as pessoas como está sendo seu desempenho e quais são seus desafios, para que haja oportunidade de corrigir o que for necessário. Elas não precisam esperar até o final do ano para saber que fizeram algo errado seis meses antes, só porque o gerente preferiu não dar nenhum *feedback*, caso fosse preciso encaixá-las em algum lugar na curva de distribuição normal.

REMUNERAÇÃO E "SENTIMENTO DE DONO"

Depois de medir e classificar por mérito, é hora de fomentar a motivação. Assim como em outros sistemas, o programa

Terceiro passo: Trate seus funcionários corretamente

de remuneração da Yum! tem como foco colocar as pessoas em primeiro lugar. Gregg Dedrick usou a expressão "conquistando mentes e corações" mais de uma vez, enquanto descrevia o método que a empresa utiliza para recompensar as pessoas. Longe de meramente dar dinheiro, o programa de remuneração foi estrategicamente desenhado para assegurar o compromisso das pessoas com os valores da empresa.

Dedrick relata: "Diferentemente da Tricon, queríamos criar uma empresa na qual as pessoas tivessem o sentimento de dono e se comprometessem no longo prazo. Por isso, associamos o pacote de remuneração ao compromisso de cada um com o sucesso da empresa. Todos os executivos de nível sênior concordaram em cumprir certas diretrizes dentro de um período de cinco anos, em que deveriam comprar certa quantidade de ações. Todos do time do David precisavam comprar o equivalente a um milhão de dólares em ações da Tricon nos primeiros cinco anos.

"No nível de diretoria, eles deveriam comprar ações da Tricon do próprio bolso. Se não pudessem comprar, não ganhariam o pacote integral de *stock options*, que são opções de compra de ações da companhia. Queríamos passar a mensagem de que as pessoas realmente precisavam entrar no jogo, e que, se elas não se comprometessem com o negócio, deveriam deixar a empresa. Uma forma de instigar a paixão e o comprometimento das pessoas é dizer: 'Vamos juntos fazer este negócio crescer, e vamos construir uma longa carreira aqui'."

Na Yum!, o gerente-geral de restaurante é a pessoa mais importante. Os líderes da empresa não queriam que esta frase fosse só dita da boca para fora. O programa de *stock options* é apenas uma das maneiras de a empresa reconhecer o gerente--geral de restaurante. Inicialmente, são concedidos US$ 5 mil em *stock options* da Yum! aos gerentes-gerais dos EUA e de alguns países estrangeiros. Eles ainda têm a oportunidade de ganhar um adicional de US$ 15 mil do programa de *stock options* da Yum!, dependendo do aumento nos lucros do restaurante em comparação ao ano anterior. Dedrick diz: "É uma grande oportunidade. Temos muitas maneiras de medir coisas diferentes, mas isso precisava ser bem simples. Apenas dizemos: 'Se você aumentar suas vendas e os lucros em relação ao ano anterior, você é premiado' ".

Dedrick complementa: "Nos restaurantes, você pode até diminuir a margem de lucro, mas jamais as vendas, porque é preciso manter o foco no cliente. Porém, temos dois objetivos claros: aumentar as vendas e os lucros. No final do ano, damos prêmios e recompensas para todos os funcionários".

BÔNUS POR DESEMPENHO

A Yum! dá muita ênfase ao bônus por desempenho, o que é chamado de "remuneração variável". (Adoramos você, mas você precisa ter um bom desempenho.) Um percentual do salário é revertido em bônus, e, quanto mais você sobe na empresa, maior é o percentual. Se você for um gerente-geral de restaurante, entra no chamado bônus padrão – aproximadamente US$ 5 mil. O percentual variável de remuneração, ou bônus, pode diminuir dependendo do desempenho das suas metas *Blue Chip*.

Na maioria das organizações, se você tiver um bom desempenho, obtém 3% de bônus, e, se tiver um mau desempenho, você não precisa sair, a menos que exerça um cargo importante. Na Yum!, a remuneração está atrelada à melhoria: se seu desempenho for bom, a remuneração aumenta; se for ruim, diminui.

Terceiro passo: Trate seus funcionários corretamente

À medida que você progride na empresa, um percentual maior da remuneração passa a ser variável, de 15 a 25% ou mais. Quanto mais você progride, maior é o risco – e maior é a recompensa. Quando você está no topo da organização, mais da metade da sua remuneração pode ser variável.

Na Yum!, se você estiver no topo da organização, a maior parte do seu bônus dependerá do desempenho do grupo (por grupo entende-se a Yum! ou uma de suas marcas, dependendo de onde você estiver alocado). Se você for o presidente da Taco Bell e ela tiver um mau resultado no ano, a maior parte do seu bônus será achatada. Como o restante do bônus é baseado nas metas *Blue Chip*, você provavelmente terá uma grande redução nesse percentual também.

Quanto menor for seu cargo, menor será o impacto do seu desempenho para a empresa. Portanto, o percentual do seu bônus que é baseado no desempenho do grupo também é menor. A empresa não quer que o bônus dos níveis mais baixos esteja atrelado aos resultados do grupo. A lógica é que não seria justo vincular a responsabilização de um gerente-geral de restaurante local ao desempenho nacional de toda a rede Taco Bell. Portanto, vemos que, mesmo em uma questão interna como remuneração, as políticas da empresa foram feitas com foco no cliente.

QUADRO DE RESULTADOS DA YUM!

Sistemas e processos

Nota 8 de 10

Todas as pessoas da Yum! gostam de enaltecer o sistema de *coaching* de desempenho. Nós reconhecemos o esforço feito nessa área, mas são seus sistemas e processos que fazem com que o *coaching* seja tão eficiente. Os sistemas da Yum! fornecem aos *coaches* as informações necessárias para reconhecer a boa atuação em uma base contínua e para garantir que as boas intenções realmente levem ao comportamento adequado e aos resultados esperados. A empresa tem ferramentas bem alinhadas para garantir o tipo de desempenho que deseja. Porém, algumas das ferramentas ainda não estão atingindo os funcionários em um nível emocional. A Yum! ainda tem algo a aprender em relação aos sistemas e processos, mas ela está no caminho.

Terceiro passo: Trate seus funcionários corretamente

INSPIRE AS PESSOAS: CRIANDO UMA CULTURA DE RECONHECIMENTO

O IDEAL DE BLANCHARD

Depois que tudo estiver funcionando de acordo com a visão e a direção da empresa, e uma vez que seus funcionários estiverem bem treinados, capacitados e comprometidos com o sucesso, o que fazer para que tudo continue correndo bem? É necessário criar uma cultura de reconhecimento. Como vimos antes, há dois aspectos do reconhecimento: um deles é elogiar as pessoas que estão trabalhando bem no dia a dia e o outro é reconhecer continuamente suas conquistas com recompensas, aumento de salário ou algo tangível. O segundo aspecto é importante porque premia e celebra as conquistas pessoais a longo prazo. Porém, o mais importante para gerentes e líderes eficientes é o monitoramento e o *feedback* no dia a dia. Vamos começar por aí.

MONITORAMENTO E *FEEDBACK* CONTÍNUOS

Há alguns anos, Jim Ballard e eu escrevemos um livro chamado *Whale Done! The Power of Positive Relationship,* com Thad Lacinak e Chuck Tompkins, dois dos maiores treinadores do Sea World, que trabalham com baleias assassinas há mais de trinta anos. Queríamos ilustrar a necessidade de construir relacionamentos positivos no trabalho e em casa. Há anos tenho dito a executivos que acentuar o lado positivo é a chave para desenvolver pessoas e criar empresas de sucesso – isso significa elogiar as pessoas que estão trabalhando bem no dia a dia.

Infelizmente, quando ando pelas empresas e pergunto às pessoas como elas sabem se estão fazendo um bom trabalho, o que mais escuto é: "Bem, ninguém gritou comigo ultimamente. Se ninguém falou nada, é porque deve estar tudo bem".

O estilo de gestão mais comum no mundo é o que eu chamo de "Gerente Gaivota". Ninguém vê esse gerente até algo dar errado. Então ele aparece, faz um tremendo barulho, despeja em cima de todo mundo e vai embora. Talvez as pessoas precisem de um exemplo mais concreto do poder dos relacionamentos positivos. Por exemplo, nunca ouvi falar de um treinador de baleias assassinas que tenha repreendido uma baleia e depois entrado na água para nadar com ela. Se você já foi ao Sea World (se não foi, vá) e viu o *show* da baleia Shamu, deve ter notado que não há nenhuma interação negativa entre o treinador e as baleias.

Como os treinadores do Sea World conseguem que as baleias assassinas façam uma apresentação perfeita sem nenhuma interação negativa? Eles conseguem isso acentuando o lado positivo e redirecionando o comportamento negativo. Se a baleia faz tudo certo na apresentação, quando ela deixa a piscina, os treinadores jogam um balde de peixes na sua boca, coçam sua língua, a abraçam ou fazem qualquer outra coisa positiva. O que eles estão dizendo com isso é: "Muito bem, garoto ou garota, você se saiu muito bem".

E o que eles fazem se a baleia errar ou não fizer uma boa apresentação? Eles não focam no erro. Sabem o que fazem? Eles orientam a baleia a voltar e fazer aquilo que eles querem ou algo diferente que ela saiba fazer, e ficam observando para ver se ela faz direito. Portanto, se você for ao *show* da Shamu e o treinador fizer um gesto mandando a baleia voltar para

Terceiro passo: Trate seus funcionários corretamente

a piscina, saberá que ela errou e que ele quer que ela tente novamente. O animal mergulha de novo para tentar acertar, porque quer continuar recebendo recompensas. O *coaching* gera energia e cria a oportunidade para reforçar o lado positivo no futuro.

Como isso funciona com as pessoas? Focando naquilo que você quer que elas façam, não no que elas fizeram errado. As pessoas querem saber se estão trabalhando bem e, se não estiverem, querem receber ajuda para acertar. Se alguém errar, em vez de focar no erro, um gerente eficaz diria algo como: "Da próxima vez, podemos tentar fazer deste outro jeito".

Um aviso importante sobre elogio e reconhecimento: Não espere para elogiar as pessoas somente quando elas fizerem tudo exatamente certo; caso contrário, você pode ficar esperando para sempre. Lembre-se:

Elogie o progresso – trata-se de um alvo móvel.

Sabemos que isso funciona com crianças pequenas, mas nos esquecemos de usar essa técnica com os adultos. Como você ensina uma criança a andar? Você coloca a criança de pé e diz: "Ande"; se ela cair, você não vai castigá-la. Se você fizer isso, sabe o que acontecerá? Você terá um filho de 20 anos de idade engatinhando pela casa. Em vez disso, quando a criança cair, você a levanta e a abraça dizendo: "Você ficou de pé!". No dia seguinte, quando ela der um passinho e cair, você a abraça, a beija e diz: "Você deu um passinho!".

Como se ensina uma criança a falar? Se você quiser que a criança diga: "Pode me dar um copo d'agua, por favor?" e não der água até que ela fale a frase inteira, ela vai morrer desidratada. Em vez disso, você diz: "Água, água". Então, quando a criança disser "aga", você vai ficar feliz e dizer:

143

"Você disse a primeira palavra!". Você vai ligar para a avó, colocar a criança na linha e, quando ela disser "aga", todos ficarão emocionados com isso. É claro que você não espera que seu filho de 20 anos vá ao restaurante e peça "aga". Depois de um tempo, você só vai aceitar "água" e passar para a próxima etapa, "por favor". De novo, lembre-se de elogiar o progresso – trata-se de um alvo móvel. Nunca é hora de parar de acentuar o lado positivo.

ELOGIAR TORNA AS PESSOAS E OS RELACIONAMENTOS MAIS FORTES

Todos os bons relacionamentos começam com uma aura positiva. Então, você passa algum tempo com a pessoa, e o que acontece? Você começa a ver coisas que não lhe agradam: hábitos irritantes, decisões duvidosas etc. Você pensa: "Não é possível! O que está acontecendo?". Rapidamente, você começa a acentuar o lado negativo.

Isso também acontece no mundo corporativo. Você fica todo empolgado com um funcionário novo, o leva para dar uma volta e o apresenta a todos na empresa. Depois de um tempo, você percebe que precisa voltar à sua rotina e desaparece. Então, alguém chega e diz: "Você viu o que aquele funcionário novo fez?". E você logo começa a dar uma de gaivota e acentuar o lado negativo.

Recentemente comemorei meus 40 anos de casamento com Margie. Na festa de comemoração as pessoas perguntaram se iríamos falar sobre casamento. Quando Margie fez o discurso, ela surpreendeu a todos dizendo: "Você só tem um casamento feliz quando decide se apaixonar pelo pacote completo. Aquilo que fez você se apaixonar no início e as coisas

Terceiro passo: Trate seus funcionários corretamente

que chateiam também". Depois disso, ela declarou algo muito forte: "Se você conseguir amar alguém dessa maneira, talvez consiga ser amado assim também".

Todos estamos longe da perfeição. Todos temos fraquezas. Todos erramos. Só quando as pessoas percebem que você olha para o lado positivo e se importa com elas, é que você consegue impactar seu lado não tão positivo. Só quando o *feedback* nasce do desejo de apoiar é que as pessoas são capazes de ouvir e aprender.

USANDO O RECONHECIMENTO NO DIA A DIA

O reconhecimento funciona melhor em empresas que invertem a pirâmide hierárquica tradicional, e os gerentes percebem que suas equipes são responsáveis. A função desses gerentes é estar atentos às necessidades das equipes e ajudá-las a vencer. Isso demonstra o comprometimento da direção da empresa em tornar o reconhecimento uma parte integral da cultura.

Uma maneira de fazer isso é com o programa Funcionário do Momento – não confunda com o Funcionário do Mês. O Funcionário do Mês é uma atividade típica de pato. Se você já participou de uma reunião de Funcionário do Mês, provavelmente já ouviu coisas do tipo: "Seu departamento ganhou no mês passado e não podemos ter ganhadores do mesmo departamento dois meses seguidos – quá, quá". Ou: "Ela é muito leal e ninguém reconhece — quá, quá". Se você quer ver mais patos andando por aí, vá a uma reunião de Funcionário do Ano. Essa é a melhor oportunidade. Nunca achei que fazia sentido escolher apenas uma pessoa. Eu acredito é em Empregado do Momento. Adoro ver empresas chamando o escritório de Ninho da Águia. Se alguém é visto fazendo algo além do esperado para criar um fã incondicional – seja por um cliente interno ou externo –, eles ligam imediatamente para o escritório. O Ninho da Águia envia alguém com uma câmera para tentar registrar o voo da águia. A pessoa é reconhecida na hora. Normalmente existe uma parede da fama onde colocam fotos e as histórias dessas águias.

Na nossa empresa, sou chamado de Diretor Espiritual. Minha principal função é estimular as pessoas e manter vivos nossa visão e nossos valores. Todas as manhãs, eu gravo uma mensagem de voz para nossos 250 funcionários nos EUA, Canadá e Reino Unido. Nessas mensagens faço três coisas. A primeira é pedir orações por alguém que esteja precisando. As pessoas me ligam para falar sobre familiares, sobre si mesmos ou sobre outras pessoas importantes em sua vida. Tenho feito isso por quase dez anos e temos obtido claras evidências do poder da oração. A segunda é contar casos de sucesso. Recebo histórias de pessoas que são vistas fazendo algo além do esperado para agradar nossos clientes ou alguém da própria equipe. As pessoas gostam de ser reconhecidas. E, finalmente, deixo uma mensagem inspiradora sobre nossos valores de integridade, relacionamentos, sucessos e aprendizados. Gosto de dizer isso porque nunca é demais contar histórias de pessoas fazendo um bom trabalho ou reforçar a importância dos nossos valores. Sempre pergunto: "Vocês já cansaram de ser elogiados?". Todos dão risada. Nunca é demais.

O RECONHECIMENTO CONTÍNUO COMO PRÊMIO POR DESEMPENHO

As pessoas gostam de ser elogiadas no dia a dia quando estão fazendo um bom trabalho, mas também gostam de ser

Terceiro passo: Trate seus funcionários corretamente

reconhecidas por seu bom desempenho ao longo do tempo. Todos adoram festas. Celebrar e reconhecer o desempenho das pessoas no final do ano, ou depois de um período que exigiu muito comprometimento e trabalho, enche as pessoas de energia e estímulo para um bom desempenho no futuro. A maioria das empresas organiza jantares de premiação ou outros eventos para premiar os que se destacam. São ocasiões muito especiais, em que as pessoas colocam suas melhores roupas e estão ali para aplaudir o esforço de todos.

Na nossa empresa, vamos um pouco além. Não apenas reconhecemos os que tiveram melhor desempenho, mas celebramos a prática dos nossos valores. Anualmente, temos a Semana da Excelência, em que todos vão a San Diego para se encontrar, confraternizar e planejar o futuro. O destaque da semana é a Festa de Premiação do *People's Choice*. É uma premiação em que todos os funcionários votam para eleger as pessoas que mais se esforçaram para colocar em prática aquilo que pregamos. Por exemplo, o Prêmio Madre Teresa de Calcutá é dado à pessoa que mais serviu e auxiliou os outros. O Prêmio Martin Luther King reconhece a pessoa que mais incorporou os valores da empresa. O Prêmio Patch Adams é dado à pessoa mais divertida no trabalho. O Prêmio Gerente Timex do Ano é dado àquele que realizou a tempo uma tarefa importante e difícil. Damos o Prêmio Fã Incondicional à pessoa que se esforçou continuamente para ir além do esperado a fim de encantar os clientes. Também damos um Prêmio Fã Incondicional para a pessoa que, internamente, esteve sempre pronta a fazer algo além do esperado para ajudar um colega de trabalho. O Prêmio Gerente-Minuto é dado à pessoa considerada o líder mais dedicado. O destaque da premiação é o Guardião dos Valores,

MANIA DE CLIENTE!

que é a pessoa que durante o ano deu a maior contribuição ao sucesso da empresa, mas sempre apoiada em nossos valores. Quando cada prêmio é anunciado, as fotos dos cinco finalistas aparecem em um telão. Quando o vencedor é anunciado, o lugar se enche de aplausos, lágrimas, abraços e apertos de mão.

Não subestime o poder do reconhecimento no dia a dia. Se você colocar as pessoas em primeiro lugar e reconhecê-las por seus esforços, elas colocarão seus clientes em primeiro lugar. É simples assim.

REALIDADE DA YUM!: CRIANDO UMA CULTURA DE RECONHECIMENTO

David Novak e a direção da Yum! atribuem aos seres humanos uma verdade básica:

O reconhecimento é uma necessidade universal. Em todos os lugares, as pessoas querem se sentir valorizadas.

A Yum! quer ser reconhecida como a empresa com o melhor programa de reconhecimento por desempenho do mercado, e utiliza a cultura de premiação por mérito para orientar o sucesso do seu negócio. De fato, o programa de reconhecimento é estratégico na Yum! Há executivos na empresa dedicados diretamente ao desenvolvimento desse programa, o ingrediente principal que diferencia e orienta sua cultura. O objetivo é ter gente reconhecendo gente em todos os níveis.

Terceiro passo: Trate seus funcionários corretamente

Reconhecimento

*Encontramos razões para celebrar as
conquistas dos outros e nos divertimos com isso.*

Quando as empresas usam o reconhecimento apenas como uma prática de mercado, isso se torna algo sem valor e, frequentemente, vira motivo de piada. (Recentemente riram muito com um comediante de *stand-up* que disse que ganhar o prêmio de funcionário do mês é como ser premiado por ser um fracassado.) Anne Byerlein, diretora de gente da Yum!, diz que, quando ela foi nomeada para cuidar da área de reconhecimento da nova empresa, não demorou para perceber que era muito mais do que um programa. Era uma mudança de cultura.

Desde o início, os executivos da Yum! acreditaram no reconhecimento por desempenho como segredo do negócio – o que reduziria a rotatividade, aumentaria a retenção e, em última análise, impulsionaria a Mania de Cliente e melhoraria o desempenho. Como resultado, o programa de reconhecimento da Yum! Brands alcançou o estado da arte.

SEM ESTRESSE

Os líderes da Yum! não gostam do estilo Gerente Gaivota; eles gostam de acentuar o lado positivo. Na opinião de um *coach* de área da Pizza Hut, o reconhecimento é o elemento mais importante a ser disseminado na empresa. A convicção de Gladys Woclaw baseia-se em quase vinte anos de experiência.

Ela conta: "Nos anos 80 e início dos anos 90, quando o chefe aparecia na loja, era um estresse. Ele chegava, dizia o que estava errado, brigava com todo mundo, mas não dava nenhum *coaching* para ajudar a corrigir os problemas. Agora, o presidente, o vice-presidente e outros executivos é que vão ao restaurante parabenizar o gerente-geral de restaurante pelo trabalho. Eles entregam o prêmio Manda-Chuva na presença da equipe e tiram fotos. Todos são tratados como gente e reconhecidos pelo bom trabalho. Progredimos muito".

O QUE SIGNIFICA RECONHECER ALGUÉM?

Charles Whittaker, um franqueado da KFC no Reino Unido, diz: "Reconhecer alguém pode significar muitas coisas. Pode ser apenas olhar para o rosto de uma pessoa ou lembrar de um rosto conhecido. Cumprimentar, dizer olá, agradecer, todas são formas de reconhecer alguém.

Para muitos dos novos contratados nos restaurantes, esse é o primeiro emprego. Os salários também são baixos e, tradicionalmente, o ramo de *fast food* tem alta rotatividade. Muitos vêm de famílias de baixa renda, e receber elogios e reconhecimento é algo que nunca ou raramente acontece. A grande maioria das pessoas que vem trabalhar aqui, na maior empresa de restaurantes do mundo, nunca recebeu um elogio na vida. Portanto, a primeira forma de reconhecimento para essas pessoas é dar a elas alguma tarefa e depois dizer que fizeram um bom trabalho. Isso é muito significativo."

RECONHECIMENTO CONTÍNUO

O *coaching* é o principal meio utilizado pela Yum! para reconhecer o bom desempenho e para elogiar as pessoas que estão

Terceiro passo: Trate seus funcionários corretamente

fazendo um bom trabalho. Os *coaches* estão mais interessados em acentuar o lado positivo do que em identificar algo errado. Quando acontece algo errado, eles preferem usar a oportunidade para orientar, e não para focar no problema. Por quê? Porque um de seus valores fundamentais é a crença nas pessoas.

Quando o presidente da Taco Bell, Emil Brolick, fala dos funcionários, é com respeito e generosidade: "Acredito que a maioria deles tem muito orgulho e autoestima, e quer servir bem o cliente. Esse comprometimento precisa ser constantemente reconhecido e incentivado. A forma como os funcionários falam e como tratam o cliente é um reflexo de como eles se sentem a respeito de si mesmos. Se eles têm orgulho de si mesmos, se têm orgulho do que fazem, vão se importar com a forma como agem. Obviamente, nossos clientes vão notar. Nosso trabalho é garantir que os gerentes-gerais e o ambiente dos restaurantes estimulem a autoestima e o orgulho, e que cada funcionário saiba que eles estão dando sua parcela de contribuição.

"Todas as empresas enfrentam essa questão. Todas trabalham com gente, queiram ou não. Nosso negócio é um exemplo disso; os restaurantes se parecem com pequenas fábricas, só que não estão fazendo um produto para colocar na prateleira. A razão de sermos tão dependentes das pessoas é que as oportunidades de controle de qualidade acontecem em alguns poucos momentos. De certa forma, somos o tipo de empresa que mais depende de pessoas, o que exige profunda crença na cultura."

Jonathan Blum, vice-presidente de relações públicas, acredita que o reconhecimento é a chave para criar a Mania de

Cliente em todo o mundo, e o ingrediente que pode levar a empresa ao sucesso:

"Queremos que cada pessoa reconhecida por seu bom desempenho pense: 'Tomara que eu também tenha a oportunidade de fazer o mesmo por alguém'. A pessoa quer que todos experimentem essa sensação, porque sabe quanto aquilo significou para ela. Imagine como cada pessoa que foi reconhecida por seu desempenho se sentiria fazendo o mesmo para duas, três, dez ou vinte pessoas. Quando todos fizerem isso numa empresa, ela deixará de ser apenas uma boa empresa para se tornar uma empresa fantástica."

PREMIANDO O BOM DESEMPENHO DE FORMA CONTÍNUA

As pessoas gostam de ser reconhecidas no dia a dia por fazerem um bom trabalho, mas também querem ser reconhecidas por suas habilidades. Charles Whittaker descreve duas outras maneiras de fazer isso:

"Reconhecer as pessoas também significa envolvê-las no negócio, mostrando como as coisas funcionam e como elas podem contribuir com suas ideias e criatividade. Isso as faz se sentir importantes; há um sentimento de dono que se reflete em tudo o que fazem. Promover pessoas de dentro da empresa também é uma forma poderosa de reconhecimento. Não apenas quem é promovido se sente realizado, mas os colegas vão pensar: 'Se eu me dedicar, também poderei ser promovido' ".

Além de envolver as pessoas no negócio e promover pessoas de dentro da empresa, celebrar o bom desempenho de forma

Terceiro passo: Trate seus funcionários corretamente

contínua também é outro aspecto importante. A Yum! é especialista nisso.

O FRANGO DE BORRACHA

Raramente ou nunca vemos uma empresa fazer tão bom uso da linguagem, dos mitos e dos símbolos como a Yum! O frango de borracha é um exemplo fantástico.

Em 1994, David Novak tinha assumido o cargo de presidente da KFC e estava procurando uma maneira de causar uma ruptura na empresa. Ele queria criar um prêmio que funcionasse como uma assinatura pessoal e ao qual as pessoas dessem valor. Ele queria demonstrar em todos os lugares aonde ia que – como ele diz – "as pessoas vão fazer aquilo que você aprecia". Também queria que fosse algo engraçado e que chamasse a atenção.

Com a ajuda de Steve Provost, diretor de *coaching* da KFC, ele teve a ideia de criar o prêmio Frango de Borracha, um tipo de ave depenada um tanto ridícula. Provost disse que precisava ser algo personalizado, então Novak decidiu gravar um texto no frango com o motivo da premiação e numerá-lo para que se tornasse uma espécie de item de colecionador. (Ele também dava junto cem dólares; afinal, como ele diz, "você não consegue comer um frango de borracha".)

O aspecto engraçado do prêmio tornou-se parte do seu atrativo, e naquele momento foi importante para David Novak sair distribuindo o prêmio pela KFC para as pessoas que se destacavam por bom desempenho. Como ele mesmo diz: "Não queria dar uma placa ou um relógio, eu queria chocar as pessoas. Queria que todos dissessem: 'Esse cara é meio diferente. Ele não é igual ao último presidente da KFC; as coisas realmente estão mudando por aqui. Ele está revolucionando tudo' ".

Em vez de usar recompensas emocionais para que as regras sejam cumpridas, a direção da Yum! usa recompensas para gerar entusiasmo. Roger Eaton, presidente do Pacífico Sul, explica: "Quando você reconhece o bom desempenho de uma pessoa, ela mantém um certo comportamento e entende o que realmente se espera dela. Além disso, reconhecer o desempenho de alguém é um incentivo para que os outros repitam aquele comportamento, porque também querem ser reconhecidos. Todos sabem para onde estão indo, têm motivação para chegar lá, e tudo isso acontece num ambiente cheio de energia e diversão".

Reconhecimento é a arma secreta de um líder.
— Gregg Dedrick

Quando você visita o Centro de Apoio ao Restaurante (a "Casa Branca") em Louisville, logo passa pela Calçada dos Campeões, um corredor de cores vivas cheio de fotos homenageando pessoas pelo seu desempenho. O corredor conecta os escritórios ao refeitório, por isso os funcionários estão sempre passando por ali. Shirlie Kunimoto, vice-presidente de excelência operacional, diz: "Andar pelo corredor dá uma sensação muito boa".

Na Calçada dos Campeões há uma exibição deslumbrante dos prêmios de todas as partes do mundo. Cada líder da Yum! precisa criar seu próprio prêmio particular. Os prêmios podem ser qualquer coisa. As pessoas são muito criativas e têm a tendência de criar prêmios que representem a característica que querem valorizar. Cada prêmio é confeccionado para uma celebração específica; e todos são muito criativos.

Terceiro passo: Trate seus funcionários corretamente

QUEM É O BULLDOG?

Chuck Rawley, diretor de desenvolvimento, é um exemplo perfeito de alguém que inventou um prêmio personalizado. Nos primeiros dias após a chegada de David Novak à empresa, Chuck o acompanhou em um *tour* pelas instalações de Las Vegas. No avião, na viagem de volta para casa, eles tiveram uma discussão sobre os próximos passos da empresa. David queria arrumar as instalações; Chuck, por sua vez, achava que o foco deveria ser em "fazer a comida direito".

Chuck conta: "Achei que as instalações não deveriam ser prioridade, e que a comida era uma questão mais urgente. Discordei de David e insisti. Não saíamos do lugar, porque nós dois temos personalidades fortes.

"Aguentei firme, mesmo achando que poderia estar colocando meu cargo em risco. Então David disse: 'Chuck, você parece um bulldog, não desiste do seu argumento. Fica remoendo o assunto por horas.

"Então transformei o bulldog no meu prêmio particular. O bulldog é o símbolo que aparece no capô dos caminhões Mack. Representa tenacidade, lealdade e consistência."

A seguir apenas uma parte dos prêmios expostos na Calçada dos Campeões:

PRÊMIOS DE RECONHECIMENTO

Prêmio Bandeja de Platina

Prêmio Peixe

Prêmio Mão Amiga

Prêmio Flecha Asteca

Prêmio O Bom Escoteiro

Prêmio Quatro Melhores

Prêmio Corrente dos Campeões

Prêmio Espelho

Prêmio *Knockout* de Marketing

Prêmio Comemoração de 2 Milhões

Prêmio Paixão de Equipe

Prêmio Pizza Hut de Ouro

Prêmio Apito de Ouro

Prêmio Excelência de Equipe

Prêmio Ganhando Centavos

Prêmio Leo

Prêmio Equipe A

Prêmio Melhor dos Melhores KFC

Prêmio Ímã de Pessoas

Prêmio Trilha do Pé de Pato

Prêmio Bola do Jogo

Prêmio Carrinho de Compras Dourado

Prêmio GGRs

Prêmio Farol

Terceiro passo: Trate seus funcionários corretamente

Prêmio Clube CHAMPS 100

Prêmio O Detalhe

Prêmio A Tocha

Prêmio Sino de Ouro

Prêmio Radio Top Líderes

Prêmio Seja o que For Preciso

Prêmio Frango Radical

Prêmio Mania de Cliente Ampliado

Prêmio Escavadora

Prêmio Aperte o Cinto

Prêmio Mania de Cliente

Prêmio Colher de Prata

Prêmio Bulldog

Prêmio Formigas

Prêmio Trazendo para Casa o Prêmio Bacon

Prêmio Pêssego Perfeito

Prêmio Missão Impossível

Prêmio O Manda-Chuva

Prêmio Ordem do Tijolo

Prêmio Luva de Ouro

Prêmio Osso da Sorte Dourado

Se ficar por mais tempo no Centro de Apoio ao Restaurante, você provavelmente ouvirá aplausos em momentos inesperados. Kunimoto conta: "É normal incomodar todo mundo com uma celebração Yum!. Outra coisa que pode chamar sua atenção aqui é a Banda do Reconhecimento. Isso é algo muito forte na empresa". Ela está se referindo ao grupo de funcionários que se voluntariaram a tocar instrumentos sempre que homenageiam alguém.

O RECONHECIMENTO FOMENTA A PAIXÃO PELO NEGÓCIO NO MUNDO

Peter Hearl, presidente da Pizza Hut e ex-vice-presidente executivo da Yum! Restaurants International, liderou a disseminação de uma cultura única no mundo, baseada nos princípios do Como Trabalhamos Juntos. Quando diziam: "No meu país isso é diferente", Peter era categórico em reforçar que os princípios eram universais. Desde o início, ele incentivou David Novak a instituir que esses princípios fossem globais. Peter tem visto a diferença que o reconhecimento por bom desempenho fez em vários lugares do mundo:

"In-Soo Cho, presidente da Coreia, criou um prêmio que é uma *pizza* com um rosto sorrindo. Art Rautio, que dirige a equipe de suporte a franqueados na Ásia, criou o Prêmio Tigre, por causa do significado do tigre na cultura asiática. Roger Eaton, que dirige o negócio na Austrália e na Nova Zelândia, criou o Prêmio Missão Impossível, que é basicamente uma pequena bomba de chumbo com um fusível, inspirado no programa de TV Missão Impossível. Irfan Mustafa, do Oriente Médio, criou um prêmio de latão e bronze chamado Camelo Dourado".

Hearl conclui: "Não importa a raça, religião, cor, crença, país ou origem, as pessoas querem ser reconhecidas pelo seu trabalho. Particularmente, no ramo de restaurantes, elas querem sentir que o restaurante é uma extensão de sua casa. Isso funciona no mundo todo".

Terceiro passo: Trate seus funcionários corretamente

QUADRO DE RESULTADOS DA YUM!

Reconhecimento

Nota 10 de 10

A Yum! é uma empresa que não precisa ser convencida da importância do reconhecimento. Eles querem elevar o reconhecimento a um novo patamar, e achamos que estão conseguindo, não apenas no dia a dia, mas também a longo prazo. Todos os líderes com os quais falamos conseguem perceber quem precisa de encorajamento – todos os seres vivos. Mesmo que os quadros de premiações que foram pregados no teto da sala de David Novak caíssem sobre sua cabeça e ele desse o último suspiro, ainda haveria muita gente ali para levar a bandeira do reconhecimento até o final. Bravo! Parabenizamos a empresa pela melhor cultura de reconhecimento que já vimos.

DÊ ÀS PESSOAS OPORTUNIDADE DE CRESCIMENTO: PLANEJAMENTO DE CARREIRA DA MANEIRA CERTA

O IDEAL DE BLANCHARD

Duas das maiores necessidades do ser humano são crescimento e desenvolvimento. Depois de se especializarem em alguma área, não raro as pessoas começam a procurar novos desafios. É aí que entra o planejamento de carreira. Se você puder atribuir novas responsabilidades ao trabalho das pessoas, conseguirá dar a elas novos desafios; mas, se isso não for possível, quais serão as outras possibilidades disponíveis dentro da empresa?

Tenho convicção de que as pessoas não devem ser promovidas ou receber uma nova oportunidade de trabalho até conseguirem duas coisas. A primeira é estarem fazendo um ótimo trabalho na posição em que estão. A segunda é terem treinado alguém que possa substituí-las. Frequentemente vejo pessoas que não estão fazendo um bom trabalho à espera de uma nova oportunidade. Sou totalmente a favor do planejamento de carreira e de garantir que as pessoas tenham um trabalho que desenvolva suas potencialidades, mas, a não ser que estejam no cargo errado, o bom desempenho deve vir antes de qualquer oportunidade de promoção.

Quando houver necessidade de alguma substituição imediata, a contribuição da equipe é um requisito importante. Ninguém quer um ambiente em que as pessoas fiquem competindo umas com as outras; o que se espera é que elas se ajudem, se apoiem e busquem o melhor.

Como dito antes, muitos executivos ainda acreditam que devem utilizar a curva de distribuição normal, com algumas

Terceiro passo: Trate seus funcionários corretamente

pessoas no topo, algumas embaixo e o restante no meio. Quando se fala sobre afastar as pessoas que não se encaixam na operação, a intenção não é eliminar um percentual de pessoas de forma arbitrária. O ideal seria orientar e desenvolver essas pessoas para que elas consigam fazer um bom trabalho. Se elas responderem bem e conseguirem impactar os resultados, será um ganho para a empresa. Todos devem trabalhar para gerar resultados ou então dar apoio a alguém que dê resultados.

Se você tiver feito todo o possível para ajudar as pessoas e, mesmo assim, elas não se saírem bem, mas tiverem as características adequadas e vivenciarem a visão e os valores da empresa, é hora de usar o planejamento de carreira. Provavelmente essas pessoas estão na posição errada para o tipo de habilidades que possuem. O planejamento de carreira não é útil apenas para os que estão em um cargo errado, mas também para aqueles que desempenham bem seu trabalho e querem novos desafios para continuar a contribuir positivamente e assumir novas responsabilidades.

Um dos principais motivos para as pessoas continuarem a usar a curva de distribuição normal é que as empresas não sabem como lidar com o planejamento de carreira sem enquadrar algumas pessoas no nível mais baixo. Elas não sabem como remunerar as pessoas se um percentual alto tiver bom desempenho. Não há menos oportunidades de promoção à medida que as pessoas crescem dentro de uma organização? Essa pergunta é um pouco ingênua. Se as empresas tratarem bem seus funcionários e os ajudarem a crescer, muitos utilizarão seu potencial e criatividade para contribuir com novas ideias para o negócio, ampliar a visão e, eventualmente, ajudar a empresa a crescer. Limitar as oportunidades de crescimento não vai ajudar nem as pessoas nem a empresa. Nunca vou me esquecer de uma história de Ralph Stayer, coautor do livro *O voo do búfalo*, juntamente com Jim Belasco. Uma vez, sua secretária deu a ele uma ótima ideia para um novo negócio. Ele trabalhava numa fábrica de salsichas. Ela sugeriu que passassem a vender por catálogo, porque, naquela época, eles só vendiam salsichas para supermercados e outros distribuidores. Ele achou uma ótima ideia e pediu a ela que elaborasse e implementasse um plano de negócios. Em pouco tempo, sua ex-secretária estava dirigindo uma nova e importante divisão da empresa, criando várias oportunidades de trabalho e gerando lucro.

A REALIDADE DA YUM!: PLANEJAMENTO DE CARREIRA

Em uma empresa que cresce e se expande como a Yum!, há muita oportunidade de crescimento e desenvolvimento pessoal. Consequentemente, o planejamento de carreira deve ser uma prioridade para todos, não apenas em relação às suas próprias carreiras, mas também às de seus colegas de trabalho.

Crença nas pessoas
Acreditamos nas pessoas, confiamos nas intenções positivas, incentivamos as ideias de todos e desenvolvemos ativamente uma mão de obra diversa em estilos e experiências.

UM PEDAÇO DE SONHO

Fé e confiança no desejo e na capacidade inerente das pessoas de fazer o bem é a base da luta da Yum! em manter seus

Terceiro passo: Trate seus funcionários corretamente

funcionários por mais tempo e impactar suas vidas. Aylwin Lewis, presidente e diretor de operações e multimarcas, diz: "No geral, não são os adolescentes de classe média que trabalham conosco meio período ou o dia todo depois do ensino médio; são os adolescentes desfavorecidos que não têm alternativa. São pessoas que vieram de outros países para tentar uma vida digna para si e para suas famílias. É todo tipo de gente que não consegue encontrar uma alternativa melhor".

"Esta empresa está comprometida em criar em nossos restaurantes um ambiente no qual essas pessoas – que de outra forma não teriam tido chance – possam ter uma oportunidade na vida. Se for o primeiro emprego, elas vão desenvolver habilidades que servirão para qualquer coisa no futuro. As pessoas são incentivadas a continuar seus estudos e recebem reembolso das despesas com educação para que isso aconteça. Se continuarem na empresa, terão oportunidade de crescer e se desenvolver, aprender coisas novas, desenvolver uma mentalidade totalmente nova e ser expostas a uma série de valores que servirão para tudo na vida. Elas terão oportunidade de crescer na empresa e de construir uma vida melhor para si e para suas famílias. Se saírem da empresa, terão crescido e aprendido com a experiência."

E tudo porque alguém acreditou nelas.

RETRIBUINDO A AJUDA

Roman Saenz, *coach* regional da Pizza Hut em Fort Worth, fala com enorme satisfação sobre as pessoas que progrediram na empresa sob sua gestão.

Ele conta: "Depois de trabalhar por muito tempo cumprindo escala, fui promovido a gerente-geral de restaurante.

Foi muito bom ver as pessoas me acompanhando. Nos meus vinte anos de carreira na Pizza Hut, promovi cerca de quinze a vinte gerentes de turno a gerentes assistentes, e depois a gerentes-gerais de restaurante. Dois deles se tornaram *coaches* de área".

AJUDANDO OS OUTROS A CRESCER

Acreditar nas pessoas vai além do trabalho nos restaurantes. Debbie Hirst, gerente-geral de restaurante da KFC em Louisville, conta sua história: "Trabalho na KFC há vinte e quatro anos, vinte e dois como gerente-geral de restaurante e há dezenove aqui nesta loja. Vi gente chegando e indo embora, vi coisas de que gostei e outras de que não gostei, vi muita coisa".

"Minhas últimas duas *coaches* de área foram fantásticas. Kathy Gosser, que agora é diretora de operações e reconhecimento, foi minha *coach* antes de Jacquelyn Bollman. Kathy foi uma grande surpresa para mim. Ela me incentivou muito. Eu estava passando por momentos difíceis, minha mãe tinha falecido e outras tantas coisas. Antes de mais nada, ela quis me conhecer e depois ser minha chefe. Ela me disse de forma bem direta: 'Eu não conheço você e você não me conhece, portanto vamos conversar'. Dividi coisas da minha vida com ela, e ela comigo. Ninguém tinha feito isso comigo antes. Ela me fez querer trabalhar melhor por causa de quanto eu a respeitava e gostava dela.

"Então veio a Jacquelyn Bollman, que é minha *coach* de área atualmente. Ela me incentivou a querer crescer. Vamos abrir a multimarca KFC-Long John Silver's aqui perto, e devo assumir a gerência em dezembro. Ninguém achou que eu fosse sair deste restaurante um dia. Todos diziam: 'Você está mentindo, você não vai mudar para outra loja'. E eu respondi: 'Estou aqui há vinte e quatro anos, preciso de novos desafios'.

Terceiro passo: Trate seus funcionários corretamente

"Eu provavelmente não teria aceitado se não fosse pela confiança que Jacquelyn depositou em mim. Ela dizia: 'Você quer ser gerente-geral de restaurante pelo resto da vida? Não quer tentar fazer algo novo?'. Discutimos sobre as possibilidades, e ela disse que a forma de fazer isso seria gerenciando uma loja multimarca. Gostei do desafio. Jacquelyn disse que eu precisava mudar alguns comportamentos. Ela foi a primeira pessoa que me deu um *feedback* tão direto e depois me ajudou a melhorar. Sempre fui muito franca com as pessoas, e isso me trouxe alguns problemas. Aprendi a ser mais tranquila e, ao mesmo tempo, manter minhas expectativas altas. Então, quando esta oportunidade apareceu, eu aproveitei.

"Eu sei que vai ser um grande desafio para mim. Nunca gerenciei uma loja da Long John Silver's nem uma multimarca, mas conheço o ramo de restaurantes. Sei que a loja multimarca é bem mais complexa. Eu não teria aceitado o desafio se não fosse pela Jacquelyn. Ela vai continuar sendo minha *coach* de área, e sei que vai me ajudar e me dar todo o apoio.

"Outra coisa boa que a mudança irá trazer é abrir oportunidades para que minha equipe cresça também. Eu ajudei uma moça que era gerente de turno a se tornar gerente assistente, e agora ela é gerente-geral de restaurante. Também trabalhei com outro rapaz que começou com 16 anos, e eu o ajudei a se tornar supervisor de turno, e agora ele é gerente assistente. Para que eles cresçam, eu também preciso seguir o meu caminho. Vai ser difícil sair, porque eles são como uma família. Fui *coach*, mãe, irmã mais velha, e o melhor prêmio que recebi foi ver essa gente crescer, especialmente os que começaram como cozinheiros e caixas, como eu. Aprendi que, se você se não importa com as pessoas, elas não se importam com você."

QUANDO AS PESSOAS
ACREDITAM EM VOCÊ

Ken Fujitani é *coach* de área da KFC na Harman Management Corporation. Pete Harman foi o primeiro franqueado da KFC e teve um papel crucial para ajudar a levar a KFC do interior para a mesa de tanta gente no mundo. Harman foi fundamental no desenvolvimento de vários produtos e campanhas de marketing que ajudaram a tornar a KFC famosa como é hoje. A história de carreira de Ken na Harman é apenas uma entre tantas histórias de pessoas que começaram como cozinheiros quando estavam no ensino médio ou fundamental, e depois fizeram carreira nos restaurantes. Embora sua ascensão tenha sido rápida, Ken diz que foi sempre por causa de alguém que acreditou nele e no seu potencial.

Como ele diz: "Parecia que havia sempre alguém acreditando em mim mais do que eu mesmo; então eu pensava: 'Sabe de uma coisa? Acho que eu consigo mesmo!'

"Parte desse processo é garantir que haja alguém preparado abaixo de você para assumir seu lugar. Quando abrimos nossa loja em San Rafael e começamos a criar raízes, olhávamos para as pessoas que trabalhavam para nós sem pensar naquilo que elas poderiam fazer para nos ajudar a crescer, mas em como poderíamos ajudá-las a ter as mesmas oportunidades que tivemos. Então, ensinamos tudo a elas – como lidar com a papelada, como ser responsáveis, como contar o dinheiro e como ser parte da comunidade.

"Não fui eu que inventei tudo isso; aprendi com as pessoas com quem trabalhei. Fiz o mesmo que fizeram comigo. É como uma corrente – algo que é oferecido a você, e que você, naturalmente, transfere aos outros. É como o gerente-geral de

Terceiro passo: Trate seus funcionários corretamente

restaurante que me ajudou com a minha carreira; ele fez isso por mim e agora sou eu que estou na posição de fazer isso por outra pessoa. Faz parte da filosofia da Harman ensinar o que você sabe e dar aos outros as mesmas oportunidades que você teve. Se não levarmos as pessoas com a gente, não vamos continuar crescendo."

Fujitani tem o cuidado de reconhecer que os valores do extraordinário Pete Harman foram vivenciados por todos aqueles que o ajudaram ao longo do tempo. "Pete tem um toque mágico que acho que ninguém mais terá. Ele enxerga em você uma capacidade que nem você mesmo sabia que tinha. Ele simplesmente coloca a mão no seu ombro e diz: 'Eu sei que você consegue'. E, então, você pergunta: 'Como você sabe, Pete?'. E ele responde: 'Sei que você vai dar um jeito'. E por Deus, de alguma forma conseguimos."

QUADRO DE RESULTADOS DA YUM!

Planejamento de carreira

Nota 8 de 10

Acreditar nas pessoas é um princípio fundamental da cultura da Yum! Do nosso ponto de vista, os executivos da empresa sentem prazer em ver as pessoas se desenvolvendo e assumindo novas responsabilidades. Por causa disso, demos nota 8 para o planejamento de carreira. Em relação a convencer a maioria dos funcionários da linha de frente de que eles podem aprender habilidades que levarão para a vida e de que podem ter um futuro melhor na empresa, a Yum! deveria receber nota 12 numa escala de 0 a 10. Eles realmente têm uma cultura que preza pelo sucesso de todos, tanto no presente como no futuro.

Terceiro passo: Trate seus funcionários corretamente

TERCEIRO PASSO

TRATE SEUS FUNCIONÁRIOS CORRETAMENTE

RESUMO DOS CONCEITOS

Se você tratar bem seus funcionários, eles tratarão bem seus clientes, e seu lucro será garantido. Como conseguir isso?

- Integre os quatro sistemas de Recursos Humanos: recrutamento e seleção, treinamento e desenvolvimento, gestão de desempenho e planejamento de carreira.

- Com um sistema eficiente de recrutamento e seleção, você contratará as pessoas certas.

- O treinamento adequado ajudará as pessoas a trabalhar bem desde o início e a crescer ao longo do tempo.

MANIA DE CLIENTE!

- A correta gestão de desempenho ajudará as pessoas a alcançar suas metas, e a empresa se beneficiará disso.
- Para uma boa gestão de desempenho, é necessário ter bons sistemas e processos.
- Para manter seus funcionários motivados e focados no que realmente importa, reconheça o desempenho no dia a dia e tenha um sistema de premiação contínuo.
- Para que as pessoas possam progredir, é preciso dar oportunidades de crescimento. O planejamento de carreira deve ser um processo contínuo.
- As pessoas não são seu ativo mais importante; elas *são* a empresa.

CAPÍTULO 6

Quarto passo

Desenvolva o tipo certo de liderança

A quarta e última etapa para a construção de uma empresa focada no cliente é formar líderes capazes de executar tudo o que temos falado até aqui.

Como mencionei anteriormente, quando uso o termo *líder*, não estou me referindo apenas aos principais executivos – CEOs, presidentes e diretores. Estou falando de todos aqueles que estão na posição de influenciar alguém, para o melhor ou para o pior. A visão e a direção da empresa são definidas pelos altos executivos, mas o processo de liderança no dia a dia depende totalmente das pessoas, em todos os níveis.

O IDEAL DE BLANCHARD

Para mim, o melhor estilo de liderança é o que coloca as necessidades dos outros em primeiro lugar e ajuda as pessoas a desenvolverem e desempenharem suas funções. No entanto, quando as pessoas ouvem *líder servidor*, muitas vezes ficam confusas. Logo pensam que líderes servidores são somente os líderes religiosos. O problema é que as pessoas não entendem o que é liderança. Acreditam que não é possível liderar e servir ao

MANIA DE CLIENTE!

mesmo tempo. No entanto, isso é possível quando se entende que há dois aspectos sobre a liderança, como tenho enfatizado constantemente: visão e implementação. Quando sua visão é clara, você inverte a pirâmide e gira o botão de implementação para o modo serviço. Então você percebe que está servindo à visão da empresa e às pessoas que são a base da organização.

A partir daí, você entende que um líder servidor não é apenas um líder religioso. Vou dar um exemplo dentro do serviço público. Não sei vocês, mas eu sempre tenho dificuldade em lidar com o Departamento de Trânsito. Eles precisam atender a uma multidão tão grande de pessoas – basicamente todos os que têm uma carteira de motorista – que é de se esperar que tratem você como um número, e não como uma pessoa. Na maioria dos casos, depois de passar no primeiro exame de direção, você pode ficar alguns anos sem ter de ir ao Departamento de Trânsito. Normalmente volta depois de dez anos.

Procurei evitar ao máximo ter de ir ao Departamento de Trânsito, mas há alguns anos perdi minha carteira de motorista três semanas antes de viajar. Eu sabia que teria de ir ao Departamento de Trânsito para tirar uma carteira nova. Então, pedi para minha secretária reservar três horas da minha agenda na semana seguinte. Essa é a média de tempo que você precisa para ser atendido por lá. Primeiro, você espera muito tempo em uma fila para ser atendido, depois eles dizem que você está na fila errada ou que preencheu o formulário errado e que tem de fazer tudo de novo.

Fui ao Departamento de Trânsito sem grandes expectativas. Só para constar, fazia cinco anos que eu não ia até lá. Assim que cheguei, percebi que alguma coisa tinha mudado,

Quarto passo: Desenvolva o tipo certo de liderança

porque, quando entrei, uma atendente disse: "Bem-vindo ao Departamento de Trânsito. De qual você serviço precisa?".

Eu respondi: "Tirar a segunda via da carteira de motorista".

Ela disse: "Logo em frente". O atendente do balcão sorriu e disse: "Bem-vindo ao Departamento de Trânsito, como posso ajudá-lo?". Levei 9 minutos para renovar minha carteira de motorista, incluindo o tempo para tirar a foto. Eu disse para a moça que tirou minha foto: "Que bicho mordeu vocês por aqui? Este não é o Departamento de Trânsito que eu conheço".

Ela respondeu: "Você não sabe quem é o novo responsável pelo Departamento de Trânsito?".

Eu disse: "Não".

Ela apontou para uma mesa atrás dos balcões, em um espaço aberto. O diretor não tinha nenhuma privacidade, seu escritório ficava no meio de tudo. Fui até ele, me apresentei e disse: "Qual sua função como diretor do Departamento de Trânsito?".

Sua resposta foi a melhor definição de gerenciamento que eu já ouvi:

Meu trabalho é reorganizar o departamento de momento a momento, dependendo da necessidade do cidadão (cliente).

Não é uma definição maravilhosa?

O que esse diretor fez? Ele treinou todo o pessoal para todas as funções. Qualquer um poderia ficar no balcão de atendimento ou tirando fotos, por exemplo. Você poderia escolher qualquer pessoa, e todas elas estavam preparadas para fazer qualquer coisa. Até o pessoal administrativo, que normalmente fica numa área reservada, longe do público, poderia

MANIA DE CLIENTE!

fazer o trabalho de qualquer atendente. Por quê? Porque se, de repente, o Departamento de Trânsito ficasse lotado de gente, não faria sentido deixar o pessoal administrativo fechado no escritório, enquanto havia clientes precisando ser atendidos. Eles eram chamados para ajudar no atendimento.

Sabe o que mais meu amigo diretor do Departamento de Trânsito fez? Ele não deixa ninguém sair para o almoço entre 11:30 e 14:00, sabe por quê? Porque é o horário de maior movimento! Contei essa história em um seminário uma vez, e uma mulher veio me perguntar durante o café: "Onde fica esse Departamento de Trânsito? Não consigo acreditar no que você contou". E ela continuou: "Fiquei na fila por quarenta e cinco minutos no Departamento de Trânsito da minha cidade e, quando estava chegando minha vez, uma mulher disse: 'Vamos fazer um intervalo'. Tivemos de esperar cerca de quinze minutos até eles tomarem café".

Isso não acontece no Departamento de Trânsito a que eu fui, porque o diretor conseguiu criar um ambiente motivador. Os funcionários estavam realmente comprometidos com o trabalho. Até as pessoas que eu já conhecia de visitas anteriores, e que não costumavam tratar as pessoas com a devida atenção, agora tinham prazer em atender bem. Todos podem fazer a diferença na vida das pessoas. A escolha é sua entre fazer uma diferença positiva ou negativa.

Você pode ver uma pessoa feliz no trabalho em um momento e, três meses depois, vê-la deprimida e desmotivada. Em 90% dos casos a única coisa que mudou foi o chefe. Aquele tipo de chefe que não trata você com respeito, não escuta, não deixa participar das decisões e faz você se sentir como mero subordinado. O mesmo acontece no sentido inverso. Chega um

Quarto passo: Desenvolva o tipo certo de liderança

novo líder, e pessoas que antes se sentiam infelizes no trabalho passam a ter um novo brilho no olhar, a energia aumenta, e elas se sentem prontas para contribuir e fazer a diferença.

Com energia positiva, as pessoas passam a agir com sentimento de dono e a tomar decisões no trabalho. Os líderes não só gostam como incentivam esse tipo de postura. A seguir outro exemplo do "novo" Departamento de Trânsito que trata disso.

DEIXE AS PESSOAS TOMAREM DECISÕES NO TRABALHO

Quase na mesma época, eu soube de uma experiência interessante que minha secretária, Dana, teve no Departamento de Trânsito. Ela decidiu que iria rodar o sul da Califórnia em uma *scooter*, mas alguém mencionou que ela precisaria tirar uma Autorização para Conduzir Ciclomotor (ACC). Ela nem imaginava que precisaria de documento para dirigir uma *scooter*, então foi até o Departamento de Trânsito. A mulher do balcão de atendimento consultou o sistema e viu que ela tinha carteira de motorista, e que nunca havia levado uma multa.

A atendente então disse: "Dana, vi no sistema que em três meses você terá de fazer a prova escrita para renovar sua carteira de motorista. Você não quer fazer as duas provas hoje?".

Minha secretária foi pega de surpresa e respondeu já entrando em pânico: "Provas? Eu nem sabia que teria de fazer uma prova".

Essa atendente foi maravilhosa. Ela estendeu a mão e deu um tapinha na mão da Dana, dizendo: "Não se preocupe, com seu perfil de condutora, tenho certeza de que você vai passar

MANIA DE CLIENTE!

nas provas. De qualquer forma, caso não passe, você vai poder refazer outro dia".

Dana fez as provas e voltou a falar com a atendente para ver suas notas. Ficou faltando apenas um ponto em cada prova, portanto, oficialmente, ela não tinha passado em nenhuma das duas. Delicadamente, a atendente falou: "Dana, você quase passou, mas vou tentar ajudar você. Vou fazer uma pergunta de cada prova para ver se você acerta, assim poderei aprovar". Isso foi muito bacana, porque só havia duas alternativas para cada pergunta, e a atendente disse: "Dana, você escolheu a alternativa B, qual você acha que seria a alternativa correta?".

Quando Dana respondeu alternativa A, a atendente abriu um sorriso e disse: "Você passou!".

Contei essa história em um seminário e uma daquelas pessoas bem burocratas, que fazem tudo certinho e adoram criticar os outros, veio falar comigo. Sabe aquele tipo que dorme de calça *jeans*? A mulher começou a gritar, dizendo: "Por que você está contando essa história? Essa mulher infringiu a lei. Sua secretária não passou em nenhuma das duas provas".

Fui conversar com o meu amigo diretor do Departamento de Trânsito. Contei esse caso, e ele comentou: "Ken, vou dizer uma coisa. Aqui, prefiro muito mais que meus funcionários usem o discernimento e tomem decisões do que se prendam a regras, regulamentações e leis. Minha funcionária achou que não tinha sentido fazer alguém como sua secretária, sem nenhum registro na carteira de motorista, ter de voltar para refazer uma prova, só porque faltou um ponto para ser aprovada. Garanto que se ela tivesse errado quatro ou cinco questões, minha funcionária jamais teria dado a ela a mesma chance. Tenho tanta certeza disso que colocaria meu cargo à disposição se isso acontecesse".

Quarto passo: Desenvolva o tipo certo de liderança

Quem não gostaria de trabalhar com um líder assim? Acreditem, todos gostariam. Por quê? Porque ele é um líder servidor. A primeira frase do excelente livro de Rick Warren chamado *Uma Vida com propósitos* é: "Não é sobre você". Assim como nosso diretor do Departamento de Trânsito, os líderes servidores sabem que não é sobre eles. É sobre o que e quem estão servindo. É sobre saber qual é a visão da empresa e quem é o cliente. Todos temos um cliente. Enquanto alguns têm apenas clientes externos, outros – como o departamento de recursos humanos – têm apenas clientes internos. Alguns departamentos, como a contabilidade, atendem tanto clientes internos como externos. Todos têm clientes. Quem é o cliente para um gerente? As pessoas que se reportam a ele. Uma vez definidas a visão e a direção da empresa, os gerentes devem trabalhar servindo às suas equipes.

Quando falo sobre liderança servidora e pergunto às pessoas se elas são o tipo de líder servidor ou egoísta, ninguém admite ser do tipo egoísta, que trabalha somente para si; ainda assim, vemos esse tipo de líder em todos os lugares. Qual é a diferença?

LÍDERES OBSTINADOS
VERSUS LÍDERES COMPROMETIDOS

Gordon McDonald, no seu livro *Ponha ordem no seu mundo interior*, faz uma distinção interessante que pode nos ajudar a entender a diferença entre líderes servidores e líderes egoístas. McDonald afirma que existem dois tipos de pessoas: as obstinadas e as comprometidas. Pessoas obstinadas acham que são donas de tudo. São donas dos seus relacionamentos, donas das suas posses e donas dos seus cargos. Elas são egoístas e passam a maior parte do tempo protegendo o que possuem.

177

São pessoas burocráticas e acham que as ovelhas existem para servir ao pastor. Querem garantir que todo o dinheiro, todo o reconhecimento e todo o poder se concentrem no topo da hierarquia e longe do pessoal da linha de frente e dos clientes. São ótimas para cuidar da lagoa de patos.

Pessoas comprometidas são diferentes. Elas acreditam que tudo é um empréstimo temporário – seus relacionamentos, suas posses e seu cargo. Você sabe que seus relacionamentos são empréstimos temporários? Uma das coisas mais tristes sobre o 11 de setembro foi perceber que alguns desses empréstimos temporários partiram mais cedo. Se você soubesse que não veria mais uma pessoa importante na sua vida, como você a trataria? Margie, minha esposa, sempre diz: "Não economize amor e lembre-se de dizer: 'Eu amo você'".

Pessoas comprometidas entendem que as posses são temporárias. Em tempos de crise econômica, muita gente tem medo de se desfazer das suas posses. Elas consideram que ser bem-sucedido é ter muitas posses. Na verdade, não percebem que "serão as pessoas mais ricas do cemitério". É ótimo ter coisas boas quando tudo vai bem, mas você pode ter de renunciar a elas em um período de crise. As posses são empréstimos temporários.

Os líderes comprometidos também compreendem que seus cargos são empréstimos temporários de todos os que fazem parte da empresa, especialmente das pessoas que se reportam a eles. Já que não possuem nada, os líderes comprometidos percebem que seu papel na vida é guiar tudo e todos em seu caminho.

Líderes egoístas apresentam duas características. A primeira é a forma como recebem *feedback*. Você já viu alguém dar um *feedback* a um superior, e essa pessoa ser destruída pelo chefe?

Quarto passo: Desenvolva o tipo certo de liderança

Se já viu isso acontecer, você se deparou com um líder egoísta. Eles odeiam *feedbacks*. Por quê? Porque, quando recebem um *feedback* negativo, acham que não o querem mais como chefe. Isso é o pesadelo da vida deles, porque eles acreditam que *são* o cargo que ocupam. A segunda característica de um líder egoísta é a relutância em desenvolver outros líderes. Eles temem a competição por sua posição de liderança.

Líderes comprometidos têm um coração servidor e dão *feedback* com gentileza. Eles sabem que só estão na posição de liderança com o propósito de servir e, se alguém tiver alguma sugestão para que possam servir melhor, eles vão querer ouvir. Geralmente, a primeira coisa que dizem ao receber um *feedback* é: "Obrigado. Foi muito útil. O que mais você poderia me dizer? Há mais alguém com que eu deveria falar sobre isso?".

Os líderes comprometidos também estão sempre dispostos a desenvolver outros líderes. Já que eles reconhecem que seu papel na vida é servir, e não ser servidos, querem tirar o melhor das pessoas. Se surgir um bom líder, os líderes servidores estão dispostos a trabalhar em parceria e até a ceder seu lugar e assumir uma nova posição, se necessário. Eles crescem vendo os outros crescerem.

A LUTA DO EGO

O que impede as pessoas de se tornarem líderes servidores? É o ego. Para mim, o ego nos afasta de Deus e nos coloca no centro. Começamos a ter uma imagem distorcida da nossa própria importância, e passamos a nos ver como o centro do universo.

Há duas maneiras pelas quais o ego nos atrapalha. Uma delas é o *falso orgulho*. Ele aparece quando você começa a pensar mais do que deveria a respeito de si mesmo. É quando você começa a disputar o crédito pelo trabalho e a achar que liderar diz mais respeito a você do que àqueles que você gerencia. Com falso orgulho, você passa a gastar muito tempo se autopromovendo. A outra maneira do seu ego atrapalhar é quando você começa a ter *medo* ou *dúvida* de si mesmo, pensando menos a respeito de você do que deveria. Você fica se consumindo com suas falhas e exigindo demais de si mesmo, e gasta muito tempo se protegendo. Seja com o falso orgulho ou com a dúvida sobre si mesmo, você começa a achar que as pessoas não gostam de você, e passa a acreditar que seu valor varia em função do seu desempenho e da opinião das pessoas a seu respeito. Uma vez que seu desempenho pode variar de acordo com o dia, e que as pessoas normalmente são inconstantes, sua autoestima estará sempre em risco.

Fica fácil entender que a dúvida vem da falta de autoestima, porque as pessoas que sofrem com ela agem diariamente como se valessem menos do que os outros. Isso é menos óbvio para as pessoas com falso orgulho, porque, ao contrário da baixa autoestima, elas se comportam como se valessem mais do que os outros. Na verdade, estão tentando compensar sua própria falta de autoestima. Então, procuram compensar o fato de não estarem bem consigo mesmas tentando controlar tudo e todos à sua volta. Com isso, tornam-se desagradáveis para aqueles com quem convivem.

É interessante perceber como o falso orgulho e a dúvida atuam nos gerentes. Eles ficam viciados na aflição do ego e acabam com sua eficiência. Os líderes dominados pelo falso orgulho são frequentemente chamados de controladores. Mesmo quando estão perdidos, têm enorme necessidade de poder e controle.

Quarto passo: Desenvolva o tipo certo de liderança

Até quando todos percebem que eles estão errados, continuam insistindo que estão certos. Esse tipo de líder também não costuma dar muito apoio a sua equipe. Quando todos estão otimistas e confiantes, eles jogam um balde d'água fria. Eles também deixam de apoiar a equipe para apoiar os chefes, porque querem subir na empresa e fazer parte da diretoria.

Na outra extremidade, estão os chefes que não fazem nada. Eles são considerados os que "nunca estão por perto, estão sempre evitando conflito e não ajudam em nada". Eles abandonam as pessoas, mesmo quando elas estão inseguras e não sabem como agir. Os chefes que não fazem nada não acreditam em si mesmos e não confiam em seu próprio julgamento. Eles valorizam mais a opinião dos outros do que a própria, especialmente a opinião daqueles a quem se reportam. Por conta disso, raramente se manifestam ou apoiam seu time. Quando estão sob pressão, eles se submetem a quem tem mais poder.

Se tudo isso parecer familiar, não se assuste. A maioria de nós tem traços de falso orgulho e de dúvida sobre si mesmo, porque é realmente uma questão de ego. Ficamos presos, fechados, focando apenas em nós mesmos. A boa notícia é que existe um antídoto para isso.

O ANTÍDOTO CONTRA O EGO

O antídoto contra o ego é a humildade. A verdadeira liderança – a essência daquilo que as pessoas realmente buscam e querem seguir – exige certa humildade, que, além de ser adequada, também gera a melhor resposta das pessoas.

Jim Collins reafirma essa verdade no livro *Empresas feitas para vencer*. Ele aponta duas características típicas dos grandes líderes: *vontade* e *humildade*. A vontade é a determinação em seguir uma visão/missão/objetivo. Humildade é a capacidade de perceber que a liderança não diz respeito ao líder, mas às pessoas e àquilo de que elas necessitam.

De acordo com Collins, quando as coisas vão bem para um líder egoísta típico, ele se olha no espelho, bate no peito e pensa como ele é bom. Quando as coisas não vão bem, eles culpam todo mundo. Por outro lado, para os grandes líderes, quando as coisas vão bem, eles creditam o sucesso a todos os que trabalham com eles. Quando as coisas vão mal, os líderes servidores olham no espelho e se perguntam: "O que deixei de fazer que poderia ter ajudado as pessoas a alcançarem o resultado esperado?". Isso realmente requer humildade.

Portanto, um dos segredos para se tornar um líder servidor é a humildade. Deixe-me dar duas definições de humildade. A primeira vem do meu livro com Norman Vincent Peale, *O poder da administração ética*:

Pessoas humildes não deixam de pensar em si mesmas; apenas pensam menos.

Portanto, as pessoas humildes têm uma sólida autoestima. A segunda definição de humildade vem de um velho sábio texano, Fred Smith, autor do livro *You and Your Network* [Você e seu *network*]:

Pessoas humildes não negam seu poder, apenas reconhecem que o poder não está nelas, só passa por elas.

Adoro esse conceito de poder que não está nas pessoas, só passa por elas. Muitas pessoas acham que são o cargo que

Quarto passo: Desenvolva o tipo certo de liderança

ocupam e o poder que dele deriva. Aprendi que isso não é verdade com meu pai, quando era um menino. Depois de ser eleito o presidente da sétima série, entrei em casa todo orgulhoso. Meu pai, que era oficial da marinha, me disse: "Parabéns, Ken. É ótimo ser o presidente da sala, mas, agora que é presidente, nunca se utilize dessa posição. As pessoas seguem grandes líderes porque os respeitam e gostam deles, não porque eles têm poder".

De onde vem seu poder? Não é do cargo que você ocupa.

Quantos de vocês gostariam de contribuir para um mundo melhor? Todo mundo gostaria, claro. Agora eu pergunto: Quantos de vocês têm ideia de como fazer isso? Conheço pouca gente que sabe como conseguir isso. Ainda assim, todos podemos construir um mundo melhor a cada momento através das nossas escolhas e da forma como interagimos com as pessoas, seja no trabalho, em casa ou na sociedade.

Vamos supor que você saia de casa pela manhã e alguém grite com você. Você pode escolher entre gritar com essa pessoa de volta ou dar-lhe um abraço e desejar-lhe um bom dia. Alguém corta você no trânsito, no caminho para o trabalho. Você pode escolher entre ir atrás dessa pessoa e fazer um gesto obsceno ou orar por ela, pedindo que seja protegida. Fazemos escolhas o tempo todo. A humildade domina nossa tendência ao julgamento e nos estimula a estender a mão para apoiar e encorajar os outros.

Você sabe qual é o antídoto para o medo? É a confiança em Deus. Quantos de vocês têm filhos? Quantos de vocês amam seus filhos? Para vocês, esse amor dependerá do sucesso que eles alcançarem na vida? Se eles forem bem-sucedidos, serão amados; se não forem, deixarão de ser amados? Ninguém concordaria com isso. Todos nós amamos nossos

MANIA DE CLIENTE!

filhos incondicionalmente. E se você aceitasse esse amor incondicional por você mesmo? Você sabia que Deus não criou nada que não fosse bom? Não importa quanto você venda, quanto você ganhe, qual cargo ocupe, nada disso poderá trazer mais amor à sua vida. Você já tem todo o amor de que precisa. Tudo o que precisa fazer é se abrir para esse amor.

Atualmente, muitos líderes acreditam que seu sucesso depende de quanto acumularam, do reconhecimento que receberam e do poder e *status* que possuem. Não há nada errado com nenhuma dessas coisas, contanto que você não se defina por elas. Eu gostaria de propor que pensassem no oposto de todas essas coisas, trocando a ideia de sucesso por significado. Qual é o oposto de acúmulo de riqueza? É a doação de tempo, talento, dinheiro e generosidade (estender a mão a quem precisa). Qual é o oposto de reconhecimento? É serviço. Qual é o oposto de poder e *status*? São os relacionamentos sinceros.

Ao longo dos anos, aprendi que, quando você só se concentra no sucesso, nunca alcança o significado das coisas. Esse é o problema dos líderes egoístas – estão sempre atrapalhando a si mesmos. Por outro lado, ao focar no significado das coisas – generosidade, serviço e relacionamentos sinceros –, você vai se surpreender com o sucesso que aparecerá na sua vida. Madre Teresa é um bom exemplo. Ela não se importou nem um pouco com o acúmulo de riquezas, com o reconhecimento e com o *status*. Toda sua vida foi dedicada ao significado das coisas. E o que aconteceu? O sucesso veio em sua direção. Seu projeto social recebeu uma tremenda ajuda financeira, ela foi reconhecida em todo o mundo e recebeu as maiores honrarias por onde passava. Foi um dos maiores exemplos de líder servidora. Se você focar primeiramente no significado, sua ênfase será nas pessoas. Como consequência, você obterá sucesso e os resultados almejados.

QUARTO PASSO

DESENVOLVA O TIPO CERTO DE LIDERANÇA

RESUMO DOS CONCEITOS

- Há dois aspectos da liderança: visão/direção e implementação.

- Enquanto a alta liderança é responsável pela definição da visão e da direção da empresa, qualquer um que está em posição de influenciar os outros pode ser um líder.

- Há dois tipos de líderes. *Líderes obstinados* são egoístas; *líderes comprometidos* ou *líderes servidores* servem os outros.

- Líderes servidores assumem a responsabilidade pelo desenvolvimento de uma visão coerente; em seguida, invertem a pirâmide hierárquica e se colocam na base para servir como líderes de torcida, apoiadores e encorajadores.

MANIA DE CLIENTE!

- Líderes servidores aprendem a abandonar o falso orgulho e a dúvida.

- O antídoto para o falso orgulho é a humildade.

- O antídoto para a dúvida é a confiança, que resulta da compreensão de que todos são incondicionalmente amados.

- Liderança não é sobre você; é sobre servir à visão da empresa e às pessoas que farão com que ela se torne realidade.

Quarto passo: Desenvolva o tipo certo de liderança

A REALIDADE DA YUM!:
LIDERANÇA

A liderança da YUM! conseguiu trocar a ênfase no sucesso pela ênfase no significado? Acredito que sim. A filosofia focada em pessoas E resultados sugere que sim. A empresa não tolera a filosofia tradicional que foca primeiramente em resultados e considera as pessoas como um recurso a ser explorado. As pessoas com valores tradicionais de negócio que entram na empresa mudam de mentalidade ou saem. A história de Andy Pearson é um bom exemplo de alguém que mudou sua ênfase. Ele era um líder que priorizava a busca pelo alto desempenho. Mas, depois de trabalhar com David e com o time de líderes da Yum!, Pearson descobriu que a busca pelo alto desempenho, em vez de perder força, pode ser imensamente beneficiada pela preocupação com as pessoas.

Há vinte e três anos, quando era presidente da PepsiCo, Andy Pearson foi nomeado pela revista *Fortune* como um dos 10 chefes mais difíceis dos Estados Unidos. Durante os quase quinze anos em que esteve à frente da PepsiCo, Pearson usou seu estilo implacável para aumentar os lucros de US$ 1 bilhão para US$ 8 bilhões. Os que se reportavam diretamente a ele o descreviam como brutalmente franco. Ele usava a intimidação para alcançar suas metas, demitindo sistematicamente de 10 a 20% dos seus funcionários.

Quando a Tricon foi formada, David Novak estava animado em ter Andy na equipe como CEO e presidente do conselho da Yum!, por conta do seu tremendo conhecimento de Wall Street e pelas brilhantes conquistas como gerente-geral e como gerente financeiro, com foco voltado para resultados. David se manteve firme na defesa da cultura, e a sinergia entre os dois foi muito além do esperado. Andy não demorou muito tempo para perceber que o foco nas pessoas e no reconhecimento gerava um desempenho excepcional.

Andy adorou a filosofia de todos serem líderes. Durante o tempo em que esteve na PepsiCo, ele só havia focado nos 100 principais líderes. Na Yum! ele percebeu que, focando em cada pessoa dentro da organização, eles criaram uma companhia na qual todos sabiam que podiam fazer a diferença – gerando resultados excepcionais.

A partir daí, Andy começou a mudar seus hábitos. Ele se desapegou da necessidade de ser considerado a pessoa mais inteligente de todas e abandonou o hábito de dominar os outros. Ele começou a ouvir sua equipe. Mais do que isso, ele passou a servir sua equipe e serviu de modelo de *coaching* e apoio. Deixou de lidar apenas com um pequeno grupo que se reportava a ele, e passou a interagir com pessoas de todos os níveis da organização. Sob a liderança de Pearson e Novak, a Tricon aumentou as margens de lucro dos restaurantes e diminuiu sua dívida pela metade. Andy não deixou de exigir resultados; ele apenas passou a obtê-los colocando as pessoas em primeiro lugar. Ele continua a acreditar que a função de um líder é obter resultados, mas os líderes devem "fazer isso de uma forma que torne a empresa um lugar agradável para se trabalhar, e não apenas um lugar onde se recebam ordens para alcançar os resultados do mês".

Qual é o tipo certo de liderança? Pearson responde: "Em última análise, é tudo uma questão de ter uma preocupação genuína com o outro". Ele faz uma pausa e continua: "Há uma enorme diferença entre ser duro e ser teimoso. Isso está relacionado à humildade".

Quarto passo: Desenvolva o tipo certo de liderança

TER HUMILDADE É BOM DEMAIS

Muitas pessoas pensam que, quando falamos sobre liderança, estamos falando sobre líderes. Não é isso. Na verdade, estamos falando sobre aqueles que são liderados. Como vimos antes, a verdadeira liderança – a essência daquilo que as pessoas realmente buscam e querem seguir – implica certa humildade que, além de ser adequada, também obtém a melhor resposta das pessoas. Todos os líderes com quem conversei na Yum! perceberam que, se agissem como se soubessem tudo, afastariam as pessoas. Algo como "Eu sei tudo sobre este assunto, então deixe-me dizer o que você deve fazer". Dessa maneira, as pessoas nunca vão dar o melhor de si. Por outro lado, percebemos que, quando os líderes demonstram sua vulnerabilidade e passam uma mensagem que diz: "Vocês sabem como as coisas funcionam, e estou aqui para aprender com vocês", só então as pessoas se tornam receptivas (como David fez com os franqueados da KFC). É preciso ter muita humildade para isso.

Há uma história sobre um padre que visita um fazendeiro da paróquia. Ele tinha uma fazenda com poucos recursos. O padre ficou surpreso ao ver o campo limpo, arado e cheio de plantações. Então o padre disse ao fazendeiro: "Deus realmente fez um ótimo trabalho aqui!". O fazendeiro respondeu: "Sim, e o senhor precisava ter visto Deus fazendo tudo isso sozinho!".

Novak conta: "Adoro essa história, porque ela demonstra como funciona o livre arbítrio. Tive grandes oportunidades na vida, mas também aproveitei cada uma delas. Como líder, tomo as melhores decisões quando estou equilibrado, porque me sinto grato. O pior de mim é quando me entrego ao poder e me guio pelo meu ego. Procuro sempre me manter em um estado elevado, porque só assim é possível manter os pés no chão, ser humilde e agir como um líder eficaz".

David é um grande admirador de Jim Collins, autor do livro *Empresas feitas para vencer*. Ele não só fez que os líderes da empresa vissem o poder da filosofia cliente e resultados, mas também fez com que aprendessem a importância da humildade para uma liderança eficaz. Collins escreve sobre humildade dizendo: "Os líderes considerados de bons a excelentes nunca quiseram ser super-heróis. Eles nunca tiveram a pretensão de se colocar em pedestais e de se tornar ícones inalcançáveis. São *pessoas aparentemente comuns, produzindo silenciosamente resultados extraordinários*".

Desde os executivos corporativos até os funcionários da linha de frente, nenhum dos líderes da Yum! fica disputando poder e *status*. Eles são pessoas boas, que genuinamente acreditam nos outros. Os líderes da empresa trabalham para agregar valor e ajudar os outros a obter resultados, envolvendo e apoiando outras pessoas. É a chamada liderança pelo exemplo. O *coach* principal dá o exemplo, e esse exemplo se espalha de um nível ao outro da empresa.

COLOCANDO AS PESSOAS PARA TRABALHAR

O poder da autodescoberta é fundamental para o princípio da Crença nas Pessoas que encontramos em todos os níveis da Yum! O respeito da empresa pela inteligência e pela capacidade dos seus funcionários reforça essa crença. Sabemos que os executivos não têm controle sobre o QI corporativo.

Novak diz: "Muitos executivos vestidos com terno e gravata fazem apresentações de *slides* falando coisas como: 'A situação

Quarto passo: Desenvolva o tipo certo de liderança

é essa, temos um problema com a limpeza nos restaurantes. Vocês receberam uma nota de 42%' ou coisa do tipo. Quando você faz isso, nada muda. A autodescoberta é a maneira de fazer a mudança acontecer".

A abordagem da Yum! se dá através de esquemas gráficos que as pessoas fazem dos vários aspectos do negócio, para que possam ter uma visão geral e chegar às suas próprias conclusões. Por meio desses mapas de identificação, as pessoas veem as mesmas coisas que seus líderes veem. A Yum! acredita que, dessa forma, todos estarão alinhados, sem que a direção precise passar nenhuma informação. Todos já possuem as informações, porque chegaram até elas por conta própria. Sam Walton diz: "Quanto mais você sabe, mais você cuida".

Uma das histórias de David Novak sobre seu período como executivo da PepsiCo nos faz lembrar das palavras do antigo filósofo:

**Do verdadeiro líder, as pessoas
dirão: "Fomos nós que fizemos".
- Lao Tzu**

Essa história se passou em uma antiga fábrica da PepsiCo, numa região violenta da cidade, que os membros do grupo chamavam de Forte Apache Baltimore. A união era difícil e havia tensão racial na fábrica. O prédio tinha um logotipo de neon da Pepsi que estava quebrado, o que já dava uma ideia do estado das coisas por lá. Novak conta: "Fui até lá e fiz uma mesa-redonda com o pessoal do setor de engarrafamento. Havia dez pessoas na sala e, quando perguntei o que estava acontecendo, começaram as reclamações. 'Demora duas horas e meia para sairmos com os caminhões. Não consigo uma empilhadeira para meu caminhão. Os caras dos refrigerantes em lata têm equipamentos melhores que o meu', e por aí vai. Todo mundo estava reclamando. Eu ouvi tudo e, finalmente, um dos caras olhou para mim e me perguntou: 'E, então, o que você vai fazer?'.

"Respondi: 'Eu não vou fazer nada. A única coisa que vou fazer é voltar aqui e ver o que vocês fizeram. Vou voltar em seis meses para saber como vocês resolveram os problemas que me contaram. Vou pedir a Rod Gordon, gerente da unidade de mercado, para trabalhar junto com vocês, mas vocês é que vão resolver'.

"Um dos melhores dias da minha carreira foi quando voltei lá depois de seis meses. Chamei exatamente as mesmas pessoas na sala, e eles me mostraram o que haviam feito. Eles mostraram como haviam reduzido significativamente o tempo de carregamento dos caminhões e todo o resto. Foi realmente gratificante. Eles estavam muito desmotivados no passado e, para minha surpresa, agora estavam com o peito inchado de orgulho. Foi fantástico. Eles conseguiram! Eles solucionaram os problemas."

Larry Bossidy, ex-CEO da Honeywell e autor do livro *Execução: a disciplina para atingir resultados*, expressa melhor isso: "Se você tira o prazer de fazer e decidir, tira o prazer pelo trabalho".

DISSEMINAÇÃO DE CONHECIMENTO: COMO LÍDERES SERVIDORES SE COMUNICAM ATRAVÉS DO ENSINO

Quando os líderes da Yum! querem comunicar algo importante para toda a empresa, eles não se utilizam apenas de comunicações internas, do departamento de comunicação ou de qualquer outro meio de comunicação comum nas empresas.

Quarto passo: Desenvolva o tipo certo de liderança

Eles criam um pacote didático, que contém tudo o que é necessário para ensinar as pessoas: *design* de treinamento, vídeos e outros materiais. A direção da empresa é treinada primeiro em todos os conceitos e na prática. A partir daí, os líderes são responsáveis por ensinar suas equipes. Então, as equipes ficam encarregadas de disseminar esse conhecimento pelo resto da empresa. David Novak descreve a seguir como esse processo acontece.

"Fizemos uma grande reunião em Blackberry, no Tennessee, para decidir sobre um assunto, e a equipe me perguntou: 'O que vamos fazer?'. Metade das pessoas disse que temos de avançar com o projeto, e a outra metade disse que, como suas equipes não puderam estar na reunião em Blackberry, elas não terão o mesmo entendimento do assunto, e por isso não iria funcionar. Decidimos seguir adiante.

"Acabamos utilizando o processo de disseminação por toda organização, alcançando 3 mil gerentes-gerais de restaurante. Deu certo. Nossos líderes facilitaram o processo, pois não tínhamos ajuda externa para isso. Disseminamos o conhecimento pelos diversos níveis da empresa através dos nossos próprios líderes. Agora, utilizamos este mesmo processo para qualquer iniciativa importante que queremos comunicar. Depois que os líderes ensinam suas equipes, eles deixam que assumam a tarefa de passar adiante."

A técnica de disseminação de conhecimento funciona especialmente no exterior. Gregg Dedrick relata: "Divulgamos quatro temas principais sobre como se tornar um Cliente Maníaco, disseminando os conceitos a todos os nossos funcionários do mundo, na empresa e nas franquias. Foi assim que impulsionamos a Mania de Cliente nos restaurantes. Obtivemos uma alta taxa de participação dos franqueados. No exterior há uma tendência de aderirem mais rapidamente a esse tipo de iniciativa do que nos Estados Unidos, porque eles normalmente não têm tantos recursos. Assim, quando apresentamos algo interessante, eles logo aderem e colocam em prática. Eles têm muito mais facilidade em dizer: "Vamos começar agora".

MANTENDO A EQUIPE UNIDA

Quando o diretor de *marketing*, Greg Creed, se refere à liderança eficaz, ele diz que passou a acreditar que o mais importante é ter coragem de fazer o que é certo. Ele explica: "Quando as vendas caem, Wall Street dispara o alerta. Há uma tendência de optar por lucros a curto prazo ou pela alta rentabilidade. A mentalidade antiga é *primeiro entregue resultados*. A nova é *faça o que é certo*".

As siglas SI/SC são utilizadas para designar uma estrutura para a tomada de decisão dentro departamento de *marketing* da Taco Bell. Creed explica: "Elas significam Sempre Inovando, Sempre Construindo. Quando temos uma ideia, primeiro perguntamos: 'É algo *inovador*?'. Se for, ótimo, mas tem de ser *construtivo* também".

O que mais desmotiva os executivos é que muitas das decisões dos seus superiores são mais pautadas em suas próprias carreiras do que naquilo que realmente importa. Uma estrutura SI/SC serve para despersonalizar as questões. É o exemplo de um sistema claramente articulado, que fornece respostas melhores e revela o melhor das pessoas envolvidas.

Greg Creed compartilhou conosco o efeito que isso teve em seu departamento na Taco Bell, o que resultou em um sucesso extraordinário de vendas da marca. "As pessoas gostam de

Quarto passo: Desenvolva o tipo certo de liderança

clareza, porque isso gera comprometimento e passa segurança. Com o filtro SI/SC, é mais fácil deixar as pessoas tomarem a decisão certa. Tem sido incrível ver como esclarecer e disseminar conhecimento dentro da Taco Bell fez nossa equipe de *marketing* de 80 pessoas ganhar vida.

"Quando cheguei aqui, ouvia comentários do tipo 'Ele não é comprometido' ou 'É difícil trabalhar com ela'. Mas essas pessoas que eram criticadas mudaram, e agora estão brilhando. Olhando para nosso sucesso financeiro nos últimos três anos, vemos que, quando se prioriza o que é certo, os resultados aparecem."

FAZENDO À SUA MANEIRA

Ao estruturarmos uma empresa que consegue tirar o melhor das pessoas, temos de utilizar sistemas rígidos e flexíveis alternadamente. Embora existam critérios rígidos em relação aos nossos valores, descobrimos que, quando se trata de encontrar soluções para os problemas do dia a dia, as pessoas gostam de sentir que podem resolver as coisas à sua maneira. Emil Brolick diz: "Uma das melhores coisas da nossa cultura é reconhecer as pessoas como indivíduos. Nosso compromisso reforça a personalidade e os talentos de cada indivíduo, em vez de suprimi-los. Longe de tentar destruir as características individuais de cada um, todos procuramos apoiá-las ainda mais. Quando as pessoas se sentem bem consigo mesmas, todos ganham. Isso permite que as pessoas se reconheçam como indivíduos e alcancem seus próprios objetivos pessoais dentro uma estrutura organizacional ampla, que também tem seus próprios objetivos, possibilitando um ótimo desempenho de todos".

Fazer as coisas à sua maneira promove um sentimento de orgulho. A pessoa reconhece que pode ir além. Ela percebe que pode trabalhar de uma forma mais rápida, mais organizada e prazerosa, e que pode agradar alguém com isso. Se está lidando com um cliente, ela tem a oportunidade de fazer a pessoa sentir que ganhou o dia através da sua alegria, criatividade e disposição de superar as expectativas. A oportunidade de servir os outros, sejam colegas, companheiros de equipe, gerentes ou clientes, abre espaço para melhorar o trabalho, colocando nele sua marca pessoal e tornando-o impecável.

DE MIM PARA NÓS

Ajudar as pessoas a voarem como águias (em vez de ficarem grasnando como patos) significa focar em suas necessidades e enviar um sinal claro de que você se importa com elas. David Novak usa uma frase interessante para isso: "passar de mim para nós".

A Yum! faz isso "contando coisas sobre si mesmo". As pessoas falam sobre si mesmas o tempo todo, e falam umas das outras. Dave Deno fala muito sobre si mesmo. Jerry Buss fala muito sobre Aylwin Lewis. Em uma empresa comum, as pessoas dizem: "Não fui eu" quando alguém comete um erro, mas querem receber o crédito por algo bem-feito. De uma forma bem leve, a Yum! inverte isso. Quando um trabalho é bem-feito, você escuta "Eu não fiz nada" – foi outra pessoa, foi meu time ou foi alguém de uma das outras marcas. Eles só assumem a responsabilidade por algo que saiu errado. Mesmo assim, contam como alguém os ajudou.

Falar sobre si mesmo é uma das maneiras de difundir e reforçar a Mania de Cliente. Isso demonstra a vulnerabilidade e a disponibilidade dos líderes para sua equipe, abre a comunicação e gera respeito. Normalmente pensamos: "Se eu admitir que errei, vou perder o respeito". Mas é justamente o contrário.

Quarto passo: Desenvolva o tipo certo de liderança

OUÇA E APRENDA

Paul Coffman é *coach* regional da Pizza Hut em Dallas. Ele supervisiona oito *coaches* de área que, por sua vez, orientam uma média de dez gerentes-gerais de restaurante. Coffman diz:

"Quando oriento minha equipe, se tiver alguém se sentindo desconfortável com alguma coisa ou tendo dificuldade em reconhecer o trabalho dos outros, encaro isso como uma oportunidade de fazer com que essa pessoa se sinta melhor consigo mesma. A partir do momento em que ela se sentir bem consigo mesma, não terá dificuldade em deixar que os outros se sintam também. Temos que atentar a isso, especialmente nos momentos em que estivermos encarando oportunidades desafiadoras."

"Se eu fizer uma pergunta a alguém, é melhor que esteja aberto a ouvir pelo tempo que for necessário, até que essa pessoa consiga concluir seu pensamento. Se eu tiver um compromisso, isso passará a ser secundário. Afinal, essa pessoa conhece o negócio muito melhor do que eu, então eu apenas ouço e aprendo."

Perguntamos a Coffman sobre o uso do termo *oportunidades*. Ele respondeu: "Você quer que as pessoas vejam o que estão fazendo bem. Nosso negócio é rápido. Os momentos de sucesso duram pouco. Quando você fica feliz com alguma coisa, logo se sente ameaçado por outra; é como se estivesse no meio de cobras. Todos os dias nos deparamos com várias situações complicadas ou desconcertantes. Você pode chamá-las de problemas ou deficiências, mas essas palavras não se encaixam à linguagem de autoconfiança. Uma *oportunidade* é algo que todos nós podemos usar para melhorar. Por que não se concentrar em ideias que façam você se sentir da melhor maneira possível? Como sempre digo, olhe para as coisas que você está fazendo bem".

CULTURA CONDUZIDA POR LÍDERES

Como dissemos anteriormente, muitas pessoas acham que as palavras *líder* e *servidor* não podem ser usadas juntas. A Yum! provou que sim. Essas palavras são perfeitas para definir a nossa visão e ajudar a implementá-la invertendo a pirâmide hierárquica e adotando uma mentalidade de serviço. Ao mesmo tempo, não deixam de indicar o papel de liderança e de comunicar a visão da empresa. Os líderes são essenciais para a visão. Como Irfan Mussafa, que dirige o negócio no Oriente Médio, coloca:

"A cultura deve ser conduzida pelos líderes, não pode ser delegada. Deve começar pela direção da empresa. Em seguida, deve ser disseminada de um nível ao outro. Você não pode pular nenhum nível quando está conduzindo um assunto muito importante. Os líderes devem disseminar a cultura de um nível ao outro, até chegar às pessoas que atendem os clientes diretamente."

Peter Hearl, presidente da Pizza Hut, diz: "É uma jornada sem fim. É um trabalho que não pode parar ou diminuir, porque nunca acaba. Você tem sempre que encontrar maneiras novas de levar a cultura ao próximo nível, porque há muita gente querendo aprender ou líderes que não colocaram muita ênfase ou foco na cultura.

Há muita gente que não acredita que esse trabalho possa ser feito, ou que não quer fazê-lo, mas temos de acreditar. Os líderes que acreditam no que fazem conseguem manter o foco. Eles mantêm o curso e vão até o final."

Quarto passo: Desenvolva o tipo certo de liderança

QUADRO DE RESULTADOS DA YUM!

Liderança

Nota 10 de 10

"Em se tratando de líderes, a Yum! recebe nota 10. Eles conseguiram criar uma visão atraente, inverter a pirâmide e ajudar as pessoas a tornar isso realidade. Por toda empresa e em cada uma das marcas, encontramos líderes dispostos a servir. Todos têm paixão pela ideia de colocar um sorriso de satisfação no rosto das pessoas no mundo inteiro. Eles estão comprometidos com os princípios do Como Trabalhamos Juntos e em construir uma empresa da maneira correta. Não encontramos ninguém preso ao poder, lutando para manter a pirâmide hierárquica na posição tradicional durante a implementação da visão. Os líderes da Yum! acreditam nas pessoas e reconhecem que o objetivo é a disseminação da Mania de Cliente. Mesmo assim, sua ênfase não está somente nas pessoas; está também nos resultados. Eles querem ser uma empresa de alto desempenho em todos os aspectos. Achamos fantástico como os conceitos definidos pela direção da empresa são disseminados por toda a organização.

PARTE III

PRÓXIMOS PASSOS

CAPÍTULO 7

O maior obstáculo

Desvendando a Mania de Cliente

Hyrum Smith, fundador do Franklin-Quest e autor do livro *What Matters Most* [O Que Mais Importa], compartilhou comigo sua visão de como conseguir fazer o que precisa ser feito. Em suas palavras:

> **Ter caráter é se manter firme sobre uma boa escolha, mesmo depois que a empolgação sobre essa escolha tiver passado.**

Muitas pessoas adoram anunciar aos outros aquilo que estão fazendo. No entanto, não é o que elas fazem que realmente importa, mas o compromisso que assumem. Ter compromisso é garantir que aquilo que temos intenção de fazer ou que dissemos que faríamos seja realmente feito. Muita gente quer criar uma empresa de alto desempenho com foco no cliente, mas sempre encontra uma desculpa para se justificar por não ter conseguido. Pessoas comprometidas não arrumam desculpas – elas vão atrás de resultados. Elas querem fazer aquilo que disseram. É assim que vemos David Novak e sua equipe: como

MANIA DE CLIENTE!

pessoas comprometidas, que provam que nunca é tarde demais para criar uma empresa com foco no cliente da maneira correta. Mas eles são os primeiros a admitir que se trata de uma longa jornada, e que ainda têm um longo caminho a trilhar.

Consideramos que a Yum! tem sistemas adequados e líderes competentes para alcançar o sucesso. Porém, a companhia tem um grande obstáculo a transpor para implementar sua visão: levar a Mania de Cliente a cada um de seus restaurantes no mundo. Para desvendar a Mania de Cliente e colocar um sorriso no rosto de seus clientes, a empresa precisa dominar três práticas importantes:

- Ter funcionários engajados e que demonstrem paixão pelo negócio.
- Agir de forma consistente no mundo todo.
- Executar, executar e executar.

A seguir examinaremos as três práticas e veremos como a empresa está se saindo em cada uma delas.

1. TER FUNCIONÁRIOS ENGAJADOS E QUE DEMONSTREM PAIXÃO PELO NEGÓCIO

A Yum! tem feito um trabalho fantástico disseminando a Mania de Cliente entre seus *coaches*, mas a prática só vai acontecer quando eles tiverem funcionários engajados e apaixonados pelo negócio na linha de frente de cada restaurante. Afinal, são esses funcionários que interagem com os clientes no dia a dia, e que terão de se comprometer em colocar um sorriso de satisfação em seu rosto. Ou então são eles que agirão como

O maior obstáculo

empregados sem compromisso e sem iniciativa e – pior ainda – afastarão os clientes.

Quando uma loja tem esse último tipo de funcionário, não apenas a Mania de Cliente fica comprometida, mas as vendas são prejudicadas e a retenção de pessoas torna-se um problema. É impossível administrar um bom restaurante de maneira consistente e criar uma cultura Mania de Cliente com alta taxa de rotatividade. Se as pessoas pedem demissão, obviamente você não consegue ter funcionários engajados e apaixonados pelo negócio. Sem eles, a Yum! nunca conseguirá colocar um sorriso de satisfação no rosto de seus clientes.

Aylwin Lewis diz: "Somos bons demais para não sermos ótimos. Temos de ser ótimos; o cliente tem de perceber isso. Um ótimo parâmetro para isso é a retenção de pessoas nos restaurantes. Com uma taxa de 114% de rotatividade, nunca vamos conseguir criar a cultura Mania de Cliente. Portanto, precisamos diminuir a rotatividade. Temos de conseguir manter as melhores pessoas na empresa. Nossa meta é ficar em 50%, e acreditamos que podemos alcançá-la, mas precisaremos fazer as coisas de uma forma totalmente diferente.

"No momento, há uma disparidade entre os funcionários. Temos um bom pacote para gerentes-gerais de restaurante e para quem está acima deles. Eles estão no comando, controlam suas carreiras e podem crescer. Somando salário e bônus, eles podem ganhar US$ 50 mil ao ano, e ainda participam do plano de ações da empresa. Compare isso com o que os funcionários dos restaurantes recebem. Se você é um funcionário de restaurante, muita coisa vai depender o tipo de gerente-geral de restaurante que você tiver. Esses funcionários precisam ter o mesmo sentimento de dono que os líderes. O que reivindicamos é:

'Se os valores são o aspecto principal da cultura, como faço para que isso seja bom para todos?'.

"O segredo é a forma como essas pessoas são tratadas quando elas começam a trabalhar na empresa. Nossas pesquisas mostram que muitos vão embora para ganhar mais em outros lugares. Eles realmente devem ir se encontrarem um lugar que lhes pague 2 dólares a mais por hora, mas normalmente são apenas 10 ou 15 centavos a mais. Na maioria das vezes a forma como foram tratados ou o estilo do gerente é que determina sua saída. Aquela pessoa especial que reconhece você e que manda uma mensagem de aniversário é a que faz a diferença na sua vida", ressalta Aylwin.

Os fundadores da Yum! tiveram a chance de criar uma grande empresa com foco no cliente e planejaram cuidadosamente como ela deveria ser. Depois de avaliarem várias razões que levam certas empresas ao sucesso, David Novak e os cofundadores da Yum! decidiram que ela seria baseada em uma crença inabalável nas pessoas, e que isso daria a cada uma dessas pessoas a oportunidade de uma vida melhor. Nesse aspecto, a Yum! Brands representa o sonho americano. Ela continua a demonstrar que sempre é tempo para alguém começar do nada e, com boa vontade e persistência, construir uma vida satisfatória e uma carreira de sucesso. Se a empresa conseguir vender esse sonho para os funcionários dos restaurantes, a rotatividade cairá drasticamente.

2. AGIR DE FORMA CONSISTENTE NO MUNDO TODO

O segundo ponto importante para fazer que a empresa chegue ao seu objetivo é implementar uma visão única – a Mania de Cliente – nos EUA e em muitas outras culturas. Com 33 mil restaurantes no território americano e presente em mais de 100

O maior obstáculo

países no mundo, a Yum! tem um grande desafio. O primeiro obstáculo é geográfico. A empresa tem uma ótima base para crescer e está empenhada em expandir sua presença internacionalmente. A questão é: Até que ponto a Mania de Cliente será atrativa para as pessoas fora dos EUA? Os franqueados são o segundo obstáculo, na medida em que representam um desafio técnico e de relações humanas. Até que ponto a cultura da Yum! é atrativa para os franqueados?

A empresa fez grandes avanços no esforço de alcançar um sistema internacional unificado. De acordo com Pat Murtha, ex-diretor de recursos humanos da Yum! Restaurants International e *coach*- chefe na Pizza Hut no presente, os princípios do Como Trabalhamos Juntos foram mais bem incorporados fora do que dentro dos EUA.

Pat conta: "Eles simplesmente se consolidaram. As pessoas enxergaram algo muito atrativo nesses princípios. Na maioria dos mercados, os gerentes-gerais de restaurante desempenham um papel muito importante; na Malásia, são posições de muito prestígio. Faz grande diferença o fato de os gerentes terem se envolvido e disseminado os princípios do Como Trabalhamos Juntos. Eles se apropriaram da cultura. Ela tem sido apoiada e conduzida por eles, e é impressionante como foi bem recebida".

David Novak conta a história de uma recente viagem a Cingapura que mostra por que ele está entusiasmado em enfrentar esse desafio internacional. "Eu estava com a minha esposa, Wendy, em Cingapura, para uma reunião com franqueados. Depois da reunião, entramos numa loja KFC do *shopping* para encontrar algumas pessoas. Quando estávamos saindo para fazer algumas compras, uma *coach* de área – seu nome era Carol Tang – começou a gritar meu nome, chamando-me de sr. Novak.

MANIA DE CLIENTE!

Enquanto ela se aproximava, pedi para ela não me chamar de Sr. Novak, mas de David.

"Ela disse: 'Quero que você saiba quanto estou feliz com o que está acontecendo na nossa empresa. Aprendi muito sobre mim mesma'. Ela pegou um cartão que chamamos Cartão *Eu Vou*. Utilizamos esses cartões em nossos treinamentos; depois que o treinamento termina, as pessoas escrevem algumas declarações nele dizendo: 'Eu vou isso, eu vou aquilo' etc. Ela continuou: 'Aprendi que preciso ouvir mais meu pessoal. Eu vou ser uma *coach* melhor'. E me contou sobre quatro coisas que estava fazendo.

"Eu nasci em Louisville, Kentucky, e estava em Cingapura. E lá eu peguei o meu próprio cartão *Eu Vou* e li para ela, contando o que eu vinha fazendo. Mais tarde, quando Wendy e eu saímos para fazer compras, ela disse: 'Você parou para pensar o que está acontecendo nessa empresa? De um lado temos o presidente e do outro uma *coach* de área, e ela pôde vir e contar para você o que está fazendo para se tornar uma líder melhor, e você pôde compartilhar com ela coisas sobre o seu trabalho'. Depois que Wendy disse isso, pensei comigo: 'Não poderia ser melhor!'."

Apesar de não acreditarem que o nosso sistema de reconhecimento funcionaria nas culturas mais formais da Ásia, os princípios do Como Trabalhamos Juntos foram implementados no mundo todo. As premiações temáticas – especialmente o Prêmio Fale Menos e Faça Mais, criado por Novak, foram um sucesso em todos os países. Para algumas pessoas, os prêmios são considerados joias preciosas. Em uma viagem à China, Shirlie Kunimoto, vice-presidente de excelência operacional, conheceu uma gerente que tinha recebido um prêmio. Quando Shirlie perguntou à gerente se poderia ver o prêmio, a mulher respondeu: "Não, eu não posso mostrar". Shirlie perguntou: "Por que não?". A mulher explicou: "Porque está trancado no cofre da casa do meu pai".

Sam Su, presidente da divisão da Grande China, relata que sua divisão está crescendo em mais de 300 dos seus restaurantes. "É verdade que, na China, devido aos anos de autoritarismo e à estrutura muito rígida, as pessoas estão mais acostumadas às relações de hierarquia corporativa", diz Su. "Mas os jovens querem construir seu próprio futuro e mostrar que podem ser bons líderes. Suas aspirações dentro da nossa estrutura são ainda mais fortes, eu acredito, do que em outras culturas." Se a Mania de Cliente funciona na China? Com certeza. Em 19 de janeiro de 2004, mil gerentes-gerais de restaurante se reuniram na Grande Muralha, na maior comemoração da Yum! no mundo, para celebrar a abertura da milésima loja KFC chinesa.

Todo esse sucesso internacional demonstra o empenho da empresa em criar um sistema único. George Ting, um franqueado da Ásia, diz: "O segredo do nosso sucesso é que temos uma cultura padronizada e muito simples. Temos espaço para inovação, mesmo no ramo de franquias – sistemas operacionais e de *marketing* –, somos um sistema único".

Andrew Partridge, vice-presidente sênior da Yum! Restaurants International, resume: "A diversidade dentro da unidade cria uma vantagem comercial".

Há evidências de que a cultura da Yum! e o Pacto de Parceria criam grande sinergia com os franqueados nos EUA também. Por exemplo, a companhia juntou todas as marcas – as lojas da empresa e das franquias – para comprar suprimentos de alimentos

MANIA DE CLIENTE!

no que se tornou a maior cooperativa do setor, garantindo uma grande economia. Chris Campbell, diretor jurídico da Yum!, relata: "Temos grande poder, mas nunca teríamos conseguido esse poder se os franqueados não tivessem se juntado a nós. O setor nos inveja, porque, dessa forma, conseguimos estabelecer uma ótima relação de cooperação entre as marcas e as lojas".

3. EXECUTAR, EXECUTAR E EXECUTAR

O mais importante para que a Yum! consiga seu objetivo de implementar a Mania de Cliente é continuar fazendo o que eles vêm fazendo. Como David Novak coloca: "Nós sabemos qual é a nossa paixão. Definimos nossa fórmula de sucesso. Definimos nosso estilo de liderança e estabelecemos claramente como iremos vencer e como trabalharemos juntos. Ninguém em nosso setor tem mais potencial para obter vantagens administrando restaurantes de sucesso do que nós. Mas potencial significa que você ainda não conseguiu seu objetivo. A execução é o maior desafio que enfrentamos. A diferença entre o bom e o excelente está na dedicação diária à execução das nossas estratégias".

Novak está sempre desafiando a todos, sempre elevando a barra. E mesmo assim ainda não vimos ninguém recuar. "Somos bons demais para não sermos ótimos" era uma frase que ouvíamos muito na Yum! Acreditamos que eles já têm uma ótima visão e já possuem a estrutura necessária para tratar seus clientes e seus funcionários da maneira correta. Eles também têm estratégias, sistemas, processos e ferramentas para criar uma empresa de sucesso. Agora precisam colocar isso em prática o tempo todo para tornar a Mania de Cliente uma realidade.

O maior obstáculo

"Não precisamos de mais nenhum processo novo", diz David Novak. "Sabemos o que fazer para conduzir nosso negócio. Já fizemos boa parte do trabalho difícil. Agora, o que temos de fazer é executar, executar e executar."

*****

Desenvolver funcionários engajados e que demonstrem paixão pelo negócio, agir de forma consistente no mundo todo e executar, executar e executar. É disso que a empresa precisa para implementar e vivenciar a Mania de Cliente em todos os aspectos dentro dos restaurantes e garantir que a visão da Dinastia Yum! se torne realidade. Do nosso ponto de vista, eles estão fazendo um ótimo trabalho.

CAPÍTULO 8

A escolha é sua

Seguir ou não o exemplo da Yum!

Existem duas maneiras de conduzir seus negócios: seguindo o exemplo da Yum! ou agindo de acordo com as velhas práticas do mercado. Antes do seu recomeço, a Yum! era uma empresa enorme, fragmentada e morosa – um grupo desalinhado, obtendo resultados mistos. A empresa agora está alinhada e no caminho certo para atingir seus objetivos. Se eles conseguiram fazer isso, sua empresa pode conseguir também.

O EXEMPLO DA YUM!

Embora este livro não seja sobre David Novak, ninguém pode negar sua influência na articulação e na definição da visão da empresa. Ele está presente em tudo; é quem defende os sonhos da Yum! Brands. David fala o que significa seguir o exemplo da Yum!:

"A Yum! defende os princípios do Você Me Entende, em que as pessoas, em todos os níveis da empresa, têm paixão e orgulho pelo negócio. Elas não vão querer trabalhar em nenhum outro lugar. Consequentemente, nossos clientes vão sair do restaurante pensando: 'Nossa, o que aconteceu neste lugar? Está tão diferente do que era. Os atendentes realmente são muito atenciosos!'."

Seguir o exemplo da Yum! significa se preocupar tanto com as pessoas quanto com os resultados, e garantir que uma coisa leva à outra.

David conta: "É muito gratificante para mim ir a várias reuniões pelo mundo e perceber que, de alguma forma, esta companhia está ajudando a melhorar a vida de muitas famílias. Talvez sejam apenas 10 mil famílias, ou 5 mil, mas trabalhamos por uma causa nobre.

"É um setor difícil, mais difícil do que costumo dizer ou admitir, porque estou vendendo um sonho aí fora. O que me faz perder o sono é pensar na possibilidade de não atingirmos os resultados necessários para continuarmos a trabalhar. Você só é considerado um bom líder se sua equipe atinge as metas. As pessoas acreditam em times vencedores, e isso lhes dá credibilidade para continuar. Costumo dizer que é muito mais divertido comemorar quando as ações da Yum! fecham em 72 do que em 23. Todos riem, mas é verdade. No final, nosso verdadeiro sucesso será medido pelo nível de satisfação dos nossos clientes. Quando eles estiverem muito satisfeitos, nossos lucros vão disparar e estaremos ganhando. Boa parte disso virá com o aumento contínuo do preço das nossas ações, porque isso faz parte de um bom resultado."

Muitos leitores podem achar que construir uma empresa com foco no cliente nos moldes da Yum! pode ser difícil e exigir muito esforço. Isso porque muita gente ainda acredita que liderar é pressionar as pessoas por resultados – *tentando exigir que elas façam determinadas coisas*. Quando o foco está em resultados, em vez de estar nas pessoas, há um clima de tensão. Tudo parece um esforço. Colocar os resultados em primeiro lugar é retrógrado. Empresas e líderes que enfatizam resultados sacrificando as pessoas estão na contramão do sucesso.

A escolha é sua

Quando você inverte esse conceito, o esforço desaparece. Você trabalha de uma forma que restaura a energia em vez de esgotá-la. É fato que temos pessoas muito dedicadas na Yum!, mas elas não parecem cansadas ou abatidas. Pelo contrário, mostram-se apaixonadas pelo que fazem. Quando você está fazendo aquilo de que gosta, não haverá um dia de trabalho na sua vida. Empresas como a Yum! desafiam a lei da física, criando um mecanismo de movimento contínuo, em que o trabalho alimenta a energia, a energia alimenta o trabalho, e assim sucessivamente.

À medida que conhecemos a empresa, começamos a nos fazer perguntas interessantes: *Será que essas pessoas são especiais? Será que David Novak é um executivo diferente? Será que outras empresas podem realmente alcançar esse nível de comprometimento?* As mesmas perguntas são feitas a respeito dos chamados times imbatíveis no esporte. Será que seus atletas são realmente melhores que os outros? Às vezes sim, mas na maioria das vezes a resposta é não. Eles só parecem ser melhores, porque estão se dedicando ao máximo. Eles estão no auge da empolgação. Nada é desperdiçado.

Se quiser ter pessoas apaixonadas, torne-as campeãs.

O segredo está exatamente nisso. Quando você se dedica a construir uma empresa focada no cliente, ajuda a tornar as pessoas melhores. Inesperadamente, sua equipe está mais interessada no negócio, em dedicar mais do seu tempo, das suas ideias e do seu esforço. Inesperadamente, essas pessoas estão trabalhando melhor. A escolha é sua: seguir ou não o exemplo da Yum!

A DIFERENÇA ENTRE SEGUIR
OU NÃO O EXEMPLO DA YUM!

Qual é a diferença entre seguir ou não o exemplo da Yum!? O que define se você vai seguir ou não o exemplo da Yum! é a forma como você lida com os quatro passos para construir uma empresa focada no cliente.

Primeiro passo: mire no objetivo certo. Quando você não segue o exemplo da Yum!, só há um objetivo: ganhar dinheiro. O ponto de partida é o resultado. Seus clientes e seus funcionários não serão considerados parte do objetivo. Na melhor das hipóteses, eles serão um meio e não um fim.

Quando você segue o exemplo da Yum!, seu objetivo está apoiado em um tripé. O lucro é o prêmio que você recebe por tratar bem seus clientes e criar um ambiente motivacional para seus funcionários. O objetivo é ser escolhido como Fornecedor (criar fãs incondicionais) E como Empregador (ter funcionários que se comportem como Cliente Maníacos) E como Opção de Investimento (encher sua caixa registradora). A filosofia "E" é essencial aqui. A escolha não é entre pessoas e resultados; a ênfase é nos dois.

Segundo passo: trate seus clientes corretamente. Quando você não segue o exemplo da Yum! seus clientes são um incômodo. Nesse cenário, os funcionários consideram que a empresa seria um bom lugar para trabalhar se não tivesse clientes. Os clientes entendem a mensagem: "Vocês são um incômodo".

Quando você segue o exemplo da Yum!, toda sua energia é direcionada ao cliente. Você está interessado em criar a Mania de Cliente. Você percebe que satisfazer os clientes não é o suficiente – você quer mais; quer que eles se tornem fãs incondicionais. Você está sempre registrando as diferentes maneiras que seus funcionários encontraram de ir além das expectativas dos clientes, para que eles saiam do restaurante enaltecendo a empresa. Por quê? Porque são eles que pagam os salários de todo mundo. Eles são a razão da sua existência.

Terceiro passo: trate seus funcionários corretamente. Quando você não segue o exemplo da Yum! os gerentes são considerados superiores e os funcionários são considerados subordinados. Alguns até se referem às pessoas como chefes e subalternos. Em épocas de crise, enxugar a estrutura e demitir as pessoas é o primeiro recurso. As pessoas são dispensáveis. O principal é o resultado.

Quando você segue o exemplo da Yum!, percebe que sem as pessoas você não é nada. Você sabe que precisa de funcionários apaixonados e entusiasmados para criar fãs incondicionais e a Mania de Cliente. Você conhece a regra de ouro, sabe que não pode tratar mal seus funcionários e esperar que eles tratem bem o seu cliente. Capacitar as pessoas e permitir que elas ajam como donas é essencial. Sem as pessoas, seu negócio não existe.

Quarto passo: desenvolva o tipo certo de liderança. Quando você não segue o exemplo da Yum!, seus líderes não sabem o que é humildade. Quando as coisas vão bem, eles se olham no espelho e batem no peito com orgulho; quando as coisas vão mal, eles procuram culpados. Eles são egoístas e agem como se todas as ovelhas só existissem por causa do pastor. Todo dinheiro, reconhecimento, poder e *status* pertencem a eles e aos seus superiores.

Quando você segue o exemplo da Yum!, seus líderes percebem que liderar não diz respeito a eles. Eles sabem que são

MANIA DE CLIENTE!

tão importantes quanto seus funcionários. Ao mesmo tempo em que eles têm um papel importante na definição da visão e da direção da empresa, eles rapidamente se deslocam para a base da hierarquia, na qual podem servir, ajudar e estimular seus funcionários. Em vez de focar no acúmulo de riqueza, em reconhecimento, poder e *status*, os líderes que seguem o exemplo da Yum! estão preocupados em dedicar tempo, talento, inteligência e generosidade em favor dos outros. Eles estão mais preocupados em servir do que em ser reconhecidos; mais preocupados em estabelecer relacionamentos sinceros do que em adquirir poder e *status*. O objetivo é sempre se dedicar a orientar as pessoas. Tudo o que eles querem é ajudar as pessoas a vencer, porque, se as pessoas crescerem, a empresa também crescerá.

*****

Você pode dizer que eu usei dois extremos. Pode ser, mas qual exemplo você quer seguir? Eu diria para você seguir o exemplo da Yum! e iniciar sua jornada para construir uma empresa focada no cliente. Lembre-se que nunca é tarde demais. Se uma empresa grande e complicada como a Yum! Brands conseguiu, você também pode. Vá em frente!

Agradecimentos

Este livro nunca teria sido escrito sem o apoio e o incentivo destas pessoas. Meus agradecimentos especiais a David Novak, Aylwin Lewis, Gregg Dedrick, Jonathan Blum e toda a diretoria da Yum!, cujo entusiasmo e cooperação foram inestimáveis. Também somos gratos a Jeff Lightburn por ser o primeiro a apoiar o lançamento deste livro, e a Rick Fallon por nos ajudar a seguir em frente.

Muito obrigado a Fred Hills, editor e autor entusiasta da Imprensa Livre na Editora Simon & Schuster. Agradecimentos também a Martha Lawrence, nossa editora interna, pelo entusiasmo, dedicação e talento durante a preparação da versão final, e a Richard Andrews, Humberto Medina, Dottie Hamilt, Anna Espino e a toda equipe de marketing da The Ken Blanchard Companies.

As sessões a que chamamos de *O Ideal de Blanchard* contêm um bom resumo dos conceitos desenvolvidos por Ken ao longo dos anos sobre liderança, gestão e o desenvolvimento de grandes empresas. Como um eterno aprendiz, ele deseja homenagear alguns autores, acadêmicos e profissionais que o ajudaram a formar os conceitos e teorias que defende. Entre essas pessoas estão Jim Belasco, Richard Nelson Bolles, Larry Bossidy, Sheldon Bowles,

Bob Buford, Don Carew, John Carlos, Jan Carlzon, Truett Cathy, Jim Collins, Steve Covey, Max DePree, Wayne Dyer, Susan Fowler, Robert Greenleaf, Gary Heil, Paul Hersey, Phil Hodges, Bill Hybels, Spencer Johnson, Herb Kelleher, Thad Lacinak, Bob Lorber, Gordon McDonald, Michael O'Connor, George Ordiorne, Eunice Parisi-Carew, Norman Vincent Peale, Alan Randolph, Bob Russell, Horst Schulze, Don Shula, Fred Smith, Hyrum Smith, Ralph Stayer, Jesse Stoner, Rick Tate, Chuck Tompkins, Noel Tichy, Art Turock, Terry Waghorn, Sam Walton, Rick Warren, Drea Zigarmi e Pat Zigarmi.

Somos imensamente gratos às pessoas mais importantes da nossa vida: Margie, companheira de vida de Ken há mais de quarenta anos; Ba e Tani, "família de escritoras" de Jim; Calla, amiga, companheira e esposa de Fred. Somos abençoados por tê-las conhecido e por amá-las.

Sobre os autores

Ken Blanchard é diretor espiritual da The Ken Blanchard Companies, uma empresa mundial de desenvolvimento em recursos humanos. Autor de vários *best-sellers*, incluindo o *blockbuster* internacional *O gerente-minuto* e os *best-sellers* de negócios *Raving Fans* [Fãs incondicionais], *Gung Ho!* e *Whale Done!* [Bom trabalho! O poder do relacionamento positivo]. Seus livros já venderam mais de 15 milhões de cópias em mais de 25 idiomas. Ele também é cofundador do Center for Faithwalk Leadership [Centro para Liderança da Fé], uma entidade sem fins lucrativos dedicada a inspirar e preparar pessoas para liderar como Jesus. Poucas pessoas têm criado um impacto tão positivo e duradouro na gestão de pessoas e de empresas no dia a dia como Ken Blanchard. Ele e sua esposa, Margie, moram em San Diego e trabalham com seu filho Scott, sua filha Debbie, e seu genro Humberto Medina.

Jim Ballard é educador, autor de livros, consultor, palestrante e designer de treinamentos corporativos. Seus livros *What's the Rush?* e *Mind Like Water* ajudaram muitas pessoas a colocarem sua vida em perspectiva. É coautor, juntamente com Ken Blanchard, Thad Lacinak e Chuck Tompskins, do *best-seller*

MANIA DE CLIENTE!

Whale Done! The Power of Positive Relationships. Também trabalhou com Ken Blanchard e seus coautores em vários projetos, incluindo *Mission Impossible*, com Terry Waghorn; *Everyone's a Coach*, com Don Shula; e *Managing By Values*, com Michael O'Connor. Ele mora em Amherst, Massachusetts, e atua ativamente como voluntário numa clínica de pacientes terminais.

Fred Finch é autor de *Managing for Organizational Effectiveness: An Experiential Approach*. É coautor, com Ken Blanchard e Pat Stewart, do *Situational Frontline Leadership,* um famoso programa de treinamento da Blanchard para líderes de linha de frente. Como sócio fundador da The Ken Blanchard Companies, treinou executivos na Universidade de Harvard, Merrill Lynch, IBM, Shell International e muitas outras empresas de alto nível. Fez seu doutorado na Graduate School of Business na Universidade de Washington e foi professor de administração e comportamento organizacional por quatorze anos na Graduate School of Management na Universidade de Massachusetts, em Amherst.

Esta obra foi composta em *Adobe Garamond Pro*
e impressa por Gráfica Viena sobre papel
Pollen Soft 70 g/m² para Editora Hábito.